なぜアーティストは壊れやすいのか？

音楽業界から学ぶカウンセリング入門

手島将彦

SW

はじめに　「壊れやすい」アーティストたち

アーティストにまつわる破滅的・悲劇的なエピソードは、社会の注目を集めやすいこともあって、古今東西でよく話題に挙げられます。そのため、アーティストは一般的な人よりも破天荒で、その一方で「壊れやすい」人でもある、というイメージを抱かれることがあります。ここで言う「壊れやすい」とは、主にメンタル面でなんらかの不具合を抱えやすい、という意味です。

実際のところはどうなのでしょう?

私は、かつて自分自身がアーティストとして活動していたのですが、やがてマネージメント・スタッフに転身し、その後、音楽の専門学校で若いアーティストたちに教えたり、支援したりするようになりました。その間に、様々な立場から多くのアーティストたちとその周囲にいるスタッフたちに接してきました。
その過程で私は、アーティストの持つ特性や、メンタルの問題に興味を持つようになりました。それは、アーティストやその周囲の人たちがメンタル面で問題を抱え、時には「壊れてしまう」事態を度々見聞きし、また自分自身もそうした問題を抱えた人たちと関わることがあったからでした。そして、二〇一六年には『なぜアーティストは生きづらいのか？個性的すぎる才能の活かし方』（リットーミュージック）という書籍を精神科医の本田秀夫氏との共著で発表し、自らも産業カウンセラーとしての資格を取得しました。

そうしたこれまでの経験から、私は「アーティストが壊れやすい」というのは「当たっているところもあるかもしれないが、少なくとも半分は外れている」と考えます。

「当たっている」ということについて言うと、アーティストと呼ばれる人は良くも悪くも「他人とちょっと違う」からこそアーティストである、という面があります。ですから、例えば、なにかに対して他人よりも過敏であったり、反対に鈍かったりすることがあります。

それによって、「心身双方に負荷を負いやすい」という特性を持っている場合がある、そのために、なにかの不調が生じやすいことがある、とは言えるかもしれません。

一方で、「外れている」と思うのは、「間違った精神論」や「不適切な環境」のため、あるいは少数派の存在であるが故に、多数派からの圧力を受けやすく、そのために問題が生じてしまっている、というケースが少なくないからなのです。つまり、あえて言うならば「壊れやすい」のではなく、「壊されやすい」し「周囲が壊してしまう」対象となってしまっているのです。

ここでまず大切なことは、仮にアーティスト自身になんらかの過敏さや繊細さ、鈍感さ等の特性があって「壊れやすい」一面があるとしても、問題が生じてしまうのは、その人のせいではなくて、置かれている環境のせいかもしれないし、しかも、それは誰にでもありうることかもしれない、つまり、アーティストに限らず、どんな人にも共通することかもしれない、と考えてみることです。そして、そういう不適切な精神論や環境をうまいこと避けて、「個性や生き方を尊重して、問題を解決できるようになることを目指す」ことが大事なのです。

本書では、そのために知っておきたい、カウンセリングやメンタルヘルスに関しての基本的なことを、アーティストたちのエピソードと絡めて紹介していきます。アーティストはもちろん、その周囲でアーティストを支えている人々、そして、アーティストという存在を入口として、すべての人たちに、「壊れない」生き方、もし壊れてしまったとしても「回復できる生き方」のヒントとなれば幸いです。

※各章の扉に記載されているQRコードをお手持ちのスマートフォンで読み込んでみてください。音楽ストリーミングサービス〝Spotify〟（スポティファイ）のプレイリストにアクセスできます。そちらは、私が本書をより理解しやすくお読みいただくために作成した楽曲のプレイリストとなっています。

同プレイリストを聴きながら本書をお読みいただくと、本書に登場するアーティストや、本文についてより深く感じてもらえるかもしれません。ぜひ、新しい読書体験をお楽しみください。

目次

第2章　自分の特性を知り、うまく付き合う　89

第1章

アーティストはなぜ悩むのか？

CHAPTER
1
PLAYLIST

Listen on Spotify

1　カウンセラーとはどんな人か？

カウンセラーというと、どんな人を思い浮かべるでしょうか？

なんとなく、精神的に不調な人や、悩みを抱えている人に、なにかしら働きかけて良い方向に導いていく人、しかし正直胡散臭さも感じる、みたいなところでしょうか。

音楽好きな人で、特にハードロックやヘヴィメタルが好きな人なら、メタリカのドキュメンタリー映画『真実の瞬間』に出てきたカウンセラーを思い出す人もいるかもしれません。また、実話を基にした映画『ラブ&マーシー　終わらないメロディー』では、ビーチボーイズのブライアン・ウィルソンを精神的に支配し金を巻き上げたユージン・ランディというカウンセラーが出てくるので、そうした悪いイメージを持っている人もいるかもしれません。

実際のところ、カウンセリングの手法は多岐に渡っているので「こういうやり方でやる」と、簡単に類型化しにくいものでもあります。ここは先ず、日本カウンセリング学会の定義を提示しておきます。

「カウンセリングとは、カウンセリング心理学等の科学に基づき、クライエント（来談者）が尊重され、意思と感情が自由で豊かに交流する人間関係を基盤として、クライエントが人間的に成長し、自律した人間として充実した社会生活を営むのを援助するとともに、生涯において遭遇する心理的、発達的、健康的、職業的、対人的、対組織的、対社会的問題の予防または解決を援助する。すなわちクライエントの個性や生き方を尊重し、クライエントが自己資源を活用して、自己理解、環境理解、意思決定および行動の自己コントロールなどの環境への適応と対処等の諸能力を向上させることを支援する専門活動である」

いろいろ大事なことが書いてあるのですが、

「クライエントの個性や生き方を尊重して、問題を自分自身で解決できるようになることを目指す」のがカウンセリングといえます。「自分自身で解決する」というところが結構重要で、あまり「ああしろ、こうしろ」と指示するものではないのです。その辺りが、一般的なイメージとは違うところかもしれません。

ポイント　カウンセリングは、必ずしも「こうしたほうがいい」とアドバイスする事ではありません。「クライエントの個性や生き方を尊重して、問題を自分で解決できるようになることを目指す」ことが最大の目的です。

2　精神科医とカウンセラーは似て非なる存在

ラモーンズに『サイコセラピー』という曲があります。歌詞の内容はちょっと不穏なのですが、「サイコセラピー」という言葉と「カウンセリング」という言葉には、重なり合うところがありつつ、意味合いが少し違うところがあります。

サイコセラピー（心理療法・精神療法）はヨーロッパで生まれ、フロイトの精神分析等の手法によって発展し、現在ではどちらかといえば主に病理的な問題に対し治療的に働きかけていくものですが、一方でカウンセリングは、人々が人生において遭遇する多種多様な問題への対処や自己成長・生涯発達を目的としている、という違いがあるとも言えます。

こうした、精神科医と臨床心理士やカウンセラーの違いも分かりにくいかもしれません。まず、その違いを簡単に説明してみましょう。

精神科医は、「医師」ですので、「病気を治療する」ことが仕事になります。すごくシンプルに言うと、患者さんの容態を診て、たとえば「この人はドーパミンが出過ぎているんだな」、「セロトニンが足りないんだな」とか判断し、それに適した投薬を行なう、といった形になります。

一方で臨床心理士やカウンセラーは、クライエントの話を「傾聴」（この「傾聴」については別の節であらためて説明します）して、ときには心理アセスメント（検査）を行ない、支援していきます。

つまり、アプローチが違うのです。精神科医は、医師の資格を持っていて、「治療」や「投薬」ができますが、大学の医学部でカウンセリングや臨床心理学を体系的に学ぶわけではありません。中には、個人として臨床心理士の資格を併せ持っていたり、カウンセリングの技術を身につけていたりする精神科医の方もいらっしゃいますが、必ずしも多くはありません。もちろん、患者さんの話は聴きますが、まず病状を把握して治療することが目的になりますので、はじめての診察のとき以外は、5～15分程度の診察となる場合もあります。

一方で、臨床心理士やカウンセラーは、カウンセリングに関する専門的な訓練を受けていますが、医師ではありませんので、医療行為や投薬はできません。そのかわり、カウンセリングに関する専門的な技術と知識で、その技法にもよりますが、およそ50分程度を基準に、しっかりとクライエントの話を傾聴し、クライエント自身が解決・改善していけるように支援していきます。

メンタルに問題を抱えて、なんとか頑張って病院まで来たのに、ほんの5分や10分くらいしか話を聴いてくれず、薬を出されただけだった、というような不満を持ったという話もよく耳にします。そのように感じさせてしまうこと自体、決して良いことではないのですが、それは前述したような違いにも原因があるのです。

いずれにせよ、メンタルの病的な問題と人生の問題は切り離せないことも多く、本来ならば、精神科医の医療行為とカウンセラーによる支援という両輪がうまく働くことが望ましいのですが、必ずしもそうはなっていないのが現状のようです。

精神科にせよカウンセリングにせよ、特に日本ではまだまだ敬遠されがちな風潮があると思います。さらに、カウンセリングに関しては保険がきかないことも多く、その場合50分で五千円〜一万円程度の費用がかかってしまい、それが更に敬遠されてしまう原因かもしれません。

ただ、先述のとおり、精神科医のアプローチとカウンセリングのアプローチは両輪である方が望ましいですし、とくにカウンセリングに関しては、もっと気楽に「肩や腰が痛いからマッサージに行く」、「ちょっとすっきりしたいからジムに通う」という程度の気持ちで受けてかまわないのです。店にもよりますが、ちょうど料金も同じくらいではないでしょうか？　メンタルも、肩や腰、筋肉と同じ、人間の体の一部なのですから、痛くなったらひどくなる前に治しておく方が良いのです。また、お洒落のために美容院に行くように、メンタルを整えるためにカウンセリングを受けてみても良いと思います。どんなに外を綺麗にしても、内側が乱れていては、表情も曇り、態度や言葉にも表れてしまいますから。

ポイント

・精神科医は「医師」なので、「病気を治療する」ことが仕事です。一方でカウンセラーは、クライエントの話を傾聴して「クライエント自身が解決・改善していけるように支援していく」ことが仕事です。それぞれアプローチが違うので、両方を上手く併用していくのが理想的でしょう。

・カウンセリングに「心身を整える」という意味で、ジムや美容室に行く感覚で行なってみるのもよいのではないでしょうか。

3　立ち直りやすい人とは？

物も人も、なんらかの強い圧力がかかると「へこみ」ます。

それは仕方がないことですが、問題はそれが一時的なものなのか、ずっとへこんだままなのか、というところにあります。人間は、精神的にへこんでしまっても、多くの場合は元に戻れます。そういう「回復性＝レジリエンス」には個人差があります。

では、どういう人がレジリエントな人（回復性の高い人）なのか。

これにまつわる研究で「カウアイ研究」というのがあります。

これは、ハワイのカウアイ島で一九九五年に生まれた六九八人の子どもたちを対象に、30年間にわたって追跡調査したものです。この子どもたちの約30％は、貧困や親の不和・アルコール依存・精神障害などの環境に置かれていた「ハイリスク児」でした。彼らの3分の2は、10歳までに学習面や行動面で問題が起き、18歳までに非行、精神障害などの問題を抱えてしまいます。

しかし、その3分の2の子どもたちで精神衛生上の問題を抱えていた人も、30歳になる頃には80%が回復し、非行歴のある者の75%は立ち直っていました。

その転機となったのは、家族・親類・友人・先輩・教師・教会関係者などの支えがあったからでした。

「パーソナリティや心身のハンディキャップの有無に関係なく、無条件に受け止めてくれる人が周囲に最低でも1人いた」

その条件が満たされれば、意外と人間のレジリエンスは高いということがわかったのです。

「無条件に受け止めてくれる」というところがとても大事な点です。カウンセリングの態度のひとつに「無条件の肯定的配慮」というものがあります。これは後ほど説明しますが、カウンセラーでなくとも、アーティストにもそういう「無条件に受け止めてくれる」信頼できる人が身近にいてくれれば、なんとかなるかもしれないものなのです。

ポイント　・身の回りに「パーソナリティや心身のハンディキャップの有無に関係なく、無条件に受け止めてくれる人」が最低でも1人いてくれれば、回復性が高まって立ち直れる可能性が高くなります。

・周囲の人も、誰かがいつもと様子が違ったり悩んでいたりしたら、積極的に声を掛けるよう心掛けましょう。

・ただし、悩んでいる人に対してどのようにアプローチしていくかは大事なポイント

なので、本節以降を参照してください。

4　相手を理解するために大切な3つの条件

クレイジーケンバンドに『タイガー&ドラゴン』という曲があります。この曲のサビの〈俺の話を聞け！〉という言葉がとても印象的なのですが、カウンセリングではとにかく「相手の話を聴く」ことが重要です。カウンセリングにはとても多くの理論や技法がありますが、どの立場であっても、基礎として「傾聴」が重視されています。

傾聴とは、コミュニケーションを通じて相手を理解しようとする行為ですが、「相手を理解する」方法はだいたい次の3つに分けられます。

1つ目は、相手の年齢・職業・地位・学歴・健康状態など、「本人や第三者から得られた情報・データを理解する方法」です。履歴書やカルテを読むような感じで、客観的ではありますが、どうしても表面的な理解に留まってしまいます。

2つ目は、自分の「準拠枠」で相手を理解する方法です。準拠枠とは、自分の経験や価値観、知識、思考などの枠のことで、日常的にはこれを通してコミュニケーションが行なわれることが多いのですが、気をつけないと、相手を理解するというよりも、単なる決めつけになってしまうことがあります。

そして、3つ目が「傾聴」です。これは、自分の準拠枠から離れて相手の話を共感的に聴くことです。先述したとおり、カウンセリングではこれがとても重要になります。「来談者中心療法」を提唱し、現代のカウンセリングに多大な影響を与えたカール・ロジャーズは、傾聴の基本的態度に以下の3つの条件を挙げています。

1 自己一致

自分が実際にできること、経験という現実と、自分が自分で思っているイメージ（自己概念）が一致していること。カウンセラーは自分の内面の体験に気付き、それをありのままに受け止め、自分の意識を否定したり歪曲したりしないでいられなければなりません。逆

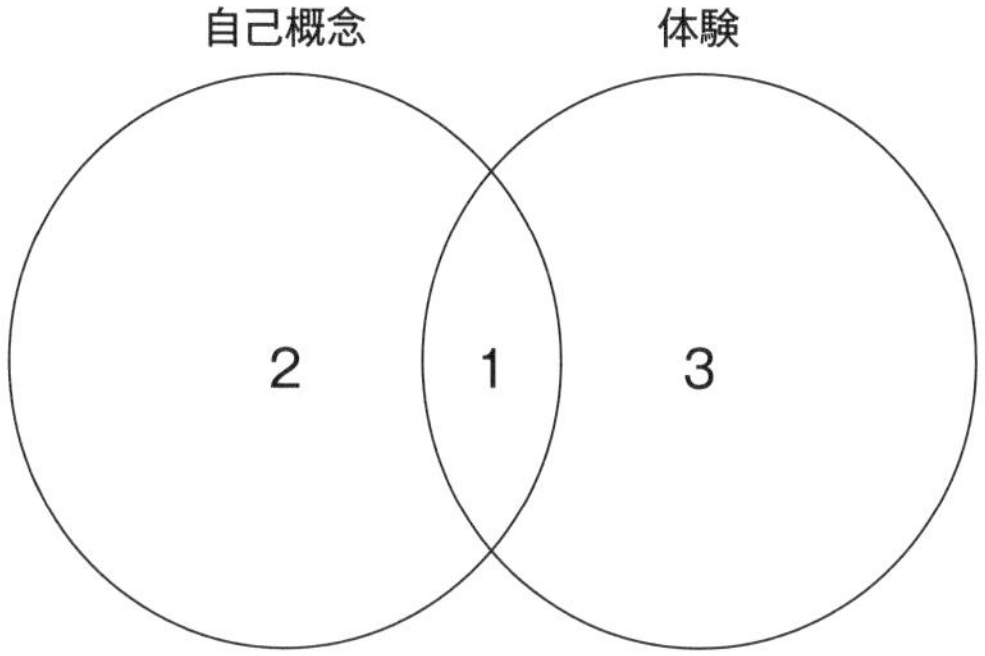

1 自己概念が体験と一致している。

2 体験が歪曲化されて象徴化している。体験に基づかない勝手なイメージ。

3 実際は体験しているが自己概念と一致しないため意識化が否定されている。

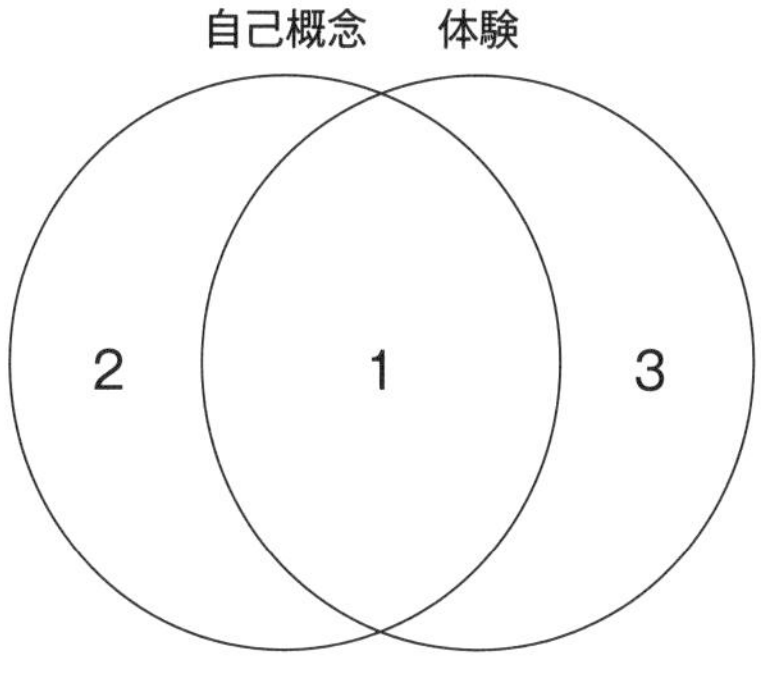

一致している領域が大きい方が良い。

不一致を少なくしていくのがカウンセリング。

に、クライエント（相手）は、これが一致していないために、不安と葛藤の中にいます。先ほどの『タイガー&ドラゴン』の歌詞の〈背中で睨み合う虎と竜じゃないが 俺の中で俺と俺とが闘う〉ように、不一致の状態です。

2 無条件の肯定的配慮

「レジリエントな人」についての節で、「無条件に受け容れること」という言葉が出てきました。文字通り、相手をそのまま受け容れることです。その人の考え方や行為が容認できなくても、自分の準拠枠から離れて評価したり条件を付けたりせずに、相手のあらゆる側面（肯定的な面も否定的な面も）を選択することなく、すべて大切な意味を持つものとして、積極的に関心を向けるということでもあります。

これは、「誰かが存在するということに条件を付けない」ということでもあります。私たちは自分が存在することに、なにかの条件をクリアしなければならないということはないのです。

3　共感的理解

カウンセラーは、相手が感じているように感じ、考えているように考えるように努力します。ただしそれは〝あたかも〟自分自身のものであるかのように感じることであって、カウンセラー自身の経験を相手のそれであるかのように思い誤ってはいけません。

この3つの条件は、カウンセリングだけでなく、アーティスト活動やそれを支えるスタッフにも応用できる態度ではないでしょうか？

創作活動の中で自分の周囲の人や一般的な社会の価値観を自分の理想や目標に据えたとき、それが自分自身の現実と一致しなかったり、自分自身を歪曲してしまったりしては、やはり問題が生じてしまいます。できるだけ、自己一致できている方が良いでしょう。

また、「無条件の肯定的配慮」や「共感的理解」も作品づくりの場面で有効かもしれません。誰かがアイデアを出してきたとき、自分の準拠枠にとらわれず、先ず無条件に受け容れてみて、どんなことを感じ、考えているのかを理解するように努めてみるのです。

私は音楽学校で若いバンドマンを長年見てきましたが、中途半端な話し合いによって、つまらない曲を作ってしまう例をたくさん見てきました。

誰かが曲を持ってきたときに、他のメンバーが自分の準拠枠で判断し、そのアイデアを試す前に否定したり違うことをやってしまったりすることがあります。あるいは、そのイメージや考えを共感的に理解することなく、大雑把に「こんなカンジでしょ」と勝手に解釈して形にしてしまいます。そういうときは、良くても大体70点の曲にしかなりません。それなりに技術力のあるメンバーが集まると、なんとなく聴けてしまう水準に達するので「まあ、これでいいか」となってしまい、余計にこの問題に気づきにくくなってしまうこともあります。そしてその結果、全員が「自己不一致」の状態になって、なんだかぼんやりとした不満が増幅していき、結局解散、なんてことになってしまいます。

それよりも、誰かの想いやイメージがしっかりと自己一致した作品（あえて言うなら、誰かのエゴが実現した作品）の方が、圧倒的に表現としての強さがあるように思います。

ポイント

・カウンセリングにおける「来談者中心療法」では「傾聴」が基本となります。そして「傾聴」には「自己一致」、「無条件の肯定的配慮」、「共感的理解」が必要です。

・自分の内面の体験に気づき、ありのままに受け止め、自分の意識を否定したり、歪曲してはいけません。

・誰かがアイデアを出してきたとき、自分の準拠枠にとらわれず、先ず無条件に受け容れて理解するように努めてみましょう。

5　ありのままに受け容れるということ

ビートルズの超有名な曲『レット・イット・ビー』は、バンドが崩壊しつつあることを悲観したポール・マッカートニーの作です。

そのポールは一九七〇年にビートルズの脱退を表明するのですが、さて、みなさんは「バンド、やめたいんだ」と言われたとき、どんなふうに答えますか？

1　「どうしてやめたいの？」

2　「バンドに不満があるのか」

3　「そんなのダメだよ、困るよ」

4　「やめたいなら仕方がないね」

5　「やめたいと思ってるんだ」

私の経験上では、1の「どうしてやめたいの？」型の人が一番多いような気がしますが、みなさんはいかがですか？

これは、E・H・ポーターという人が提唱した「5つの態度」という類型です。人はこの5つの態度のいずれかでコミュニケーションをはかります。

まず、1の「どうしてやめたいの？」ですが、これは「調査的態度」といいます。相手の人に対して、もっと知識や情報を集める態度で、「診断的」とも言えます。原因を探って処置方法を考える、という客観的な構えに立って外側から相手に働きかけて、成果をあげようとする態度です。

これはこれで悪くないですし、局面においては必要なことなのですが、気をつけないと人はいきなり調査・診断されると身構えますよね？　下手すると尋問されているような気持ちになってしまいます。これは相手との人間関係や信頼関係、タイミング等への配慮がなされていないと、うまくいかない場合があります。

2は「解釈的態度」になります。相手の発言に対し「不満があるのだろう」という解釈をしています。この解釈が当たっていれば良いのですが、外れていると単なる決めつけになってしまうという危険性があります。これをやられた相手は、その解釈がぴたりとくるものでない場合も、「う～ん、まあ、そうですね」とか「ああ、それもあるかもしれませんね」など返答することも多く、すると、「自分の解釈が当たった！」と気分が良くなってどんどん変な方向に行ってしまう、なんてこともあります。これも何らかの形で「あなたはこう考えるべきだ」という風に暗示していて、やはり外側から相手に働きかけて成果をあげようとする態度といえます。

3は「評価的態度」です。相手の発言に対して、善悪・正不正・適不適などの判断をしている態度です。これは、なんらかの形で相手のなすべきこと、なさざるべきことを指示していて、自分の評価尺度で判断していますから、相手を受容しているとは言えません。そしてやはり外側から相手に働きかけるやり方と言えます。

4は「支持的態度」です。この他に、なんらかの相談に対して「大丈夫ですよ」と保証したり「あなただけではない」と慰めたりすることも含まれます。「同情的」、「温情主義的」で深刻な感情や不安を緩和し、除去して落ち着かせようという態度でもありますが、「あなたの現在の感じ方や考え方は不必要である」と言っていることにもなる場合があり、自分の意図とは別に、相手の心の動きを抑圧する働きかけにもなることがあります。そして、これも「こちらからの働きかけ」によって相手を変えていこうというアプローチです。

最後の5は「理解的態度」といいます。相手の言葉、感情、ショック、知覚等をありのままに受け取り、正しく理解しているかどうか、それを確かめようとする態度で「共感」、「受容」といわれる態度を含みます。これは相手の内側からの働きかけになり、カウンセラーの態度のベースはこれになります。まずは受容する。そして、相手が語り始めればそれを傾聴しますし、沈黙すれば待ちます。あるいは「良かったら、もう少し詳しく聞かせてもらえますか？」などでも良いかもしれません。

カウンセラーは、とりあえず個人的な価値判断はぜんぶ横に置いて「相手が何を言いたいのかをありのままに」受け容れる態度をベースとします（「無条件の肯定的配慮」「共感的需要」）。

1〜4がすべてだめということではなくて、相手との信頼関係によってはアリな場面もあるでしょう。まず基本は5の「理解的態度」が良いと思いますが、「自分がどの態度の傾向が強いのか」を自覚しているだけでも随分違うと思います。

ちなみに『レット・イット・ビー』は、ある日、ポールが14歳のときに亡くなった母・メアリーが耳元に降りてきて「あるがままにすべて受け容れなさい」と囁いたことにインスパイアされて作ったと言われています。ちょっと意味合いは違うかもしれませんが、メンバーの脱退、バンドの解散という危機に、「あるがままにすべてを受け容れた」結果、名曲が誕生したのかもしれません。

ポイント　・コミュニケーションには「5つの態度」（「調査的態度」「解釈的態度」「評価的態度」

「支持的態度」「理解的態度」）があります。相手の話を聴く際には、基本スタンスとして「理解的態度」が望ましいのですが、まずは自分のコミュニケーションの態度にはどのような傾向があるのかを知るということも大切です。

・「理解的態度」以外のどれかの態度は、強く出すぎると相手の気持ちを推し測らない自分勝手なアプローチになる場合があるので注意しましょう。

6　うつ病と躁うつ病（双極性障害）はまったく違う病気

メンタルの不調といえば、「うつ病」がすぐに思い出されるかもしれません。多くの有名なアーティストたちも悩まされている病ですが、最近ではブルース・スプリングスティーンが自身のうつ病との闘いについて告白し、話題となりました。彼に対する一般的なイメージは「ボス」という愛称に象徴されるように、力強く逞しいものでしたので、そんな彼がうつ病であるということは、そのイメージとのギャップもあって、多くの人を驚かせました。

ただ、彼の有名なヒット曲『ボーン・イン・ザ・USA』は、その音楽の力強さとタイトルから、なんとなくマッチョな愛国歌のような誤解をされていますが、その歌詞の内容はベトナム戦争の帰還兵の哀しくてつらい現実を歌ったもので、もともとそういうナイーブな感覚を持ったアーティストでもあるのです（歌詞の和訳は検索するとすぐ見つかりますので、興味のある方はぜひ読んでみてください）。

■うつ病

さて、この「うつ病」ですが、アメリカ精神医学会による『DSM-5 精神疾患の診断・統計マニュアル』によれば「抑うつ障害群」という病気の一つに分類されていて、「大うつ病性障害（major depressive disorder）」とも呼ばれます。左記の9つの症状のうち1または2を含む5つ以上の症状があり、それが2週間以上続いている場合に「うつ病」と診断されることになります。

1 ほとんど1日中、ほとんど毎日の抑うつ気分

2 ほとんど1日中、ほとんど毎日の活動における興味または喜びの著しい減退

3 食事療法をしていないのに、体重の減少または増加（1ヶ月で体重の5%以上の変化）または、ほとんど毎日の食欲の減退または増加

4　ほとんど毎日の不眠または過眠
5　ほとんど毎日の精神運動の焦燥または制止
6　ほとんど毎日の疲労感、または気力の減退
7　ほとんど毎日の無価値観、または過剰か不適切な罪悪感
8　思考力や集中力の減退
9　死についての反復思考、自殺念慮、自殺企図

これは頭文字をとって「SIGECAPS（シゲキャプス）」と覚える方法もあります。

Sleep disturbance 睡眠障害
Interest 興味
Guilty 罪悪感、無価値感
Energy 活力、疲れ、疲労感
Concentration 集中力の減退

Appetite 食欲、体重の変動
Psychomotor disturbance 精神運動性の焦燥感、遅滞
Suicidal thoughts 自殺念慮、自殺企図

日本ではおよそ15人に1人がうつ病を経験しています（出典：厚生労働科学研究費助成こころの健康科学研究事業「精神療法の実施方法と有効性に関する研究」）。つまり珍しい病気ではなく、誰でもかかる可能性があるのです。

うつ病の治療は「休養」、「環境調整」、「薬物治療」、「精神療法」などが中心になります。うつ状態のときは、心と体を休めることがまず第一歩で、そのために必要な環境調整を施し、医師による適切な薬物治療を行ないます。そして認知行動療法や対人関係療法などによる精神療法で、ストレスに対する対処法を学び、良い状態を維持し、再発を防ぐようにします。

うつ病

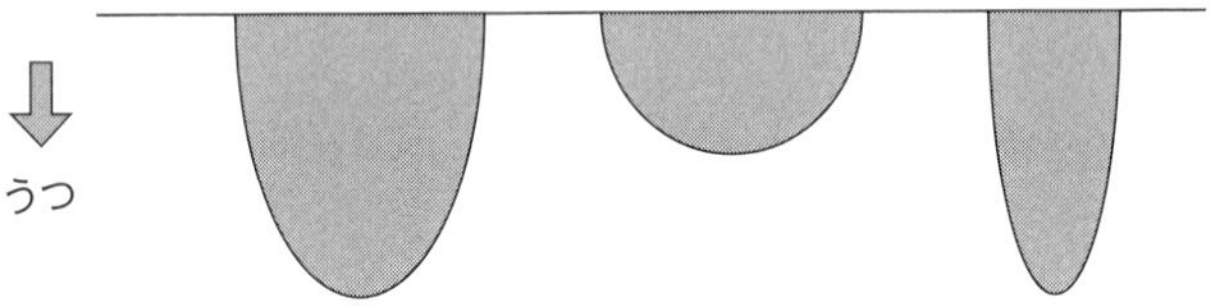

双極性障害

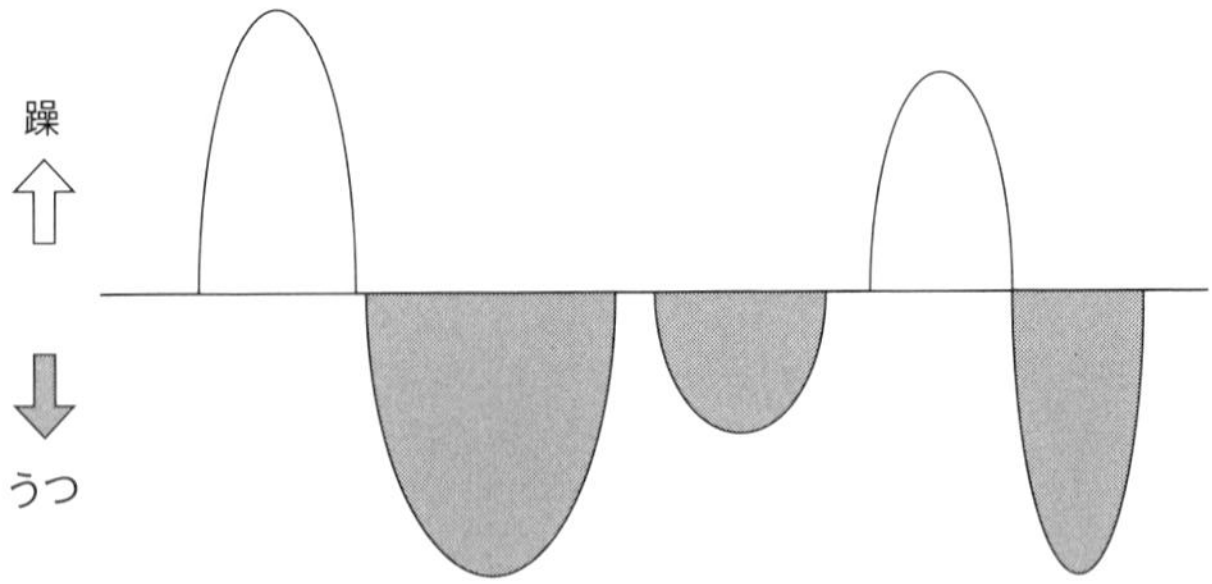

■双極性障害

　また、双極性障害というものがあります。これは、一般的には躁うつ病と呼ばれていて、うつ病と同じように思われがちですが、うつ病とはまったく違う病気で、そのため治療法も違ってきますので注意が必要です。

　うつ病は「うつ症状だけ」が見られる病気ですが、双極性障害はうつ状態と躁状態または軽躁状態を繰り返す病気です。うつ状態に加えて、激しい躁状態が起る双極性障害をI型、うつ状態に加えて軽躁状態が起るものをII型と言います。一般的に躁状態を病気として本人が認識することは難しく、うつ状態のときに診察を受けるため、うつ病と診断されてしまうこともあります。

　躁状態のときは、うつ状態のときと反対に

・気分が高まってあまり眠らなくても元気になる
・急に自分が偉くなったような気になる
・なんでもできるような気になる
・おしゃべりになる
・アイデアが次々と浮かんでくる
・怒りっぽくなる
・散財する

などの状態が見られます。特に、双極性障害のⅠ型の場合、激しい躁状態にあると、周囲の人が不快に思うような発言をしてしまうこともあり、そうしたことによって社会的にダメージを被ってしまうこともあります。

また、双極性障害は、予防療法を行なわなければ、ほとんどの場合再発してしまいます。

再発を何度も繰り返すうちに、次の発症までの期間が短くなってしまう「急速交代型」になる恐れがあり、そうなってしまうと薬が効きにくくなってしまいます。そのためにも、再発しそうなサインを自覚して予防に努めること、そして、糖尿病治療に服薬が欠かせないように、症状が治まっている期間にも薬を飲み続けることが重要です。また、うつ病の場合と同じように適切な精神療法を行ない、生活リズムが乱れないように努めます。

いずれの疾患にせよ、本人と家族や周囲が疾患について正しく理解することが大切です。うつ状態のときには体を動かすことも非常につらいことです。また、躁状態でやってしまった失敗を一番後悔して苦しんでいるのは、うつ状態のときの本人です。怠け者として扱ったり、「頑張れ」、「元気を出せ」、「甘えるな」、「いつになったら治るの？」などと言ったりしてはいけません。気晴らしに誘うことも避けた方が良いです。家族や友人から気晴らしに誘われると、断っては悪いと考えたり、「せっかく誘ってくれているのだから楽しまねば」と義務的に考えたりして、結果的に疲労が嵩むことになります。そもそも、気晴らしをするエネルギーもないのですから。また、「薬に頼るな」なども言ってはいけません。

世の中には、「うつは心が弱い奴がなるものだ」と言う人がいますが、むしろある意味逆に心が強いため、無理な状況に「過剰適応」してしまい、発症に至ることもあります。それに、人間は誰しもが弱さを持っている存在とも言えます。であるならば、人間誰しもが当事者になり得ます。生きづらさを抱えている人を否定的に捉えることなく、共感的に受容したいものです。

ポイント
・うつ病は精神的に弱い人だけがなる病気ではなく、誰でもなり得る病気です。
・うつ病と双極性障害（躁うつ病）の2種類がありますが、いずれにしても本人と周囲が病気のことを正しく理解した上での付き合い方が大事になります。当事者は症状が治まっているときでも薬を飲み続けること、正しい生活リズムに気をつけなくてはなりませんし、周囲の人は「怠けているだけ」、「いつ治る?」、「甘えじゃん」などの言葉を掛けたり、過度に励まそうすることも避けるべきです。

7　苦悩していないと良い作品は生まれないのか？

メンタルの問題を抱えていることを告白しているミュージシャンは少なくありませんが、彼ら、彼女らからのメッセージには耳を傾けるべきことが多く含まれています。

デビュー以来、高い評価を得てきたジェイムス・ブレイクは、二〇一八年に自身がうつ病と不安神経症（＊1　全般性不安障害）に苦しんできたことを明かしました。

彼は「音楽活動を始めた頃に苦しんだうつ病のせいでツアー中に自殺を考えたことがあった」そうです。そして「創造力と心理的苦悩を混同しないように気をつけるべきだ」、「不安でなければクリエイティブになれないとか、絶望していなければ天才でないというような通説がある。でも私が何かを創るときに不安神経症が助けになったことなどないとはっきり言える。そして友人たちの創造的プロセスを破壊するところも見てきた」と語っています。

確かに彼が言うように「不安や絶望がクリエイティブには必要」であるかのような通説があるように思います。しかし、彼のように、誰しもがその才能を認める音楽家が、「それは必要ない」と断言していることは、とても重要だと思います。

また、彼は「何かを打ち明けて心の重荷を降ろしたり、助けてくれる音楽に共感することが恥だと、自分の感情を恐れている者たちから潜在的に思わされないでほしい。男らしさや虚勢は最終的に大きな勝利にはならない。私が情熱を傾けている精神の健康と幸せへと続く道は誠実でできているんだ」と、男性が自分の弱さや感情を表現することは悪いことではない、とも主張しています。ちなみに彼の場合、ＥＭＤＲ（＊２）という療法が効果的だったそうです。

そのジェイムス・ブレイクは、ビヨンセのアルバム『レモネード』でゲスト・ボーカルとして参加したこともありますが、そのビヨンセもうつ病で苦しんでいたことを明かしています。食事も摂らずに自分の部屋にこもり、自分が何者なのか？　友人は誰なのか？　と孤独に思い悩んでいたそうです。そして「自分を肯定してくれて、自分を愛してくれる人は二度と見つからないんじゃないか？」と不安だったとも語っています。ここでも、「自分を肯定してくれて、自分を愛してくれる人」という、これまでに何度か出てきた重要なキーワードである「無条件に受け容れること」の大切さが示唆されています。彼女は「無条件に受け容れてくれた」母親の力を借りて、二〇一一年から1年の休暇を取りました。そして「女性は、自分のわがままではないか、とか罪悪感のような感情を持たずに、自分のメンタルヘルスのために休むべき」と主張しています。

パッション・ピットのマイケル・アンジュラコスは、自分が双極性障害であることを明かしています。そして、自身の楽曲がダークさとポップさを兼ね備えていることが双極性障害という精神疾患から生まれるものだと評価されることについて「音楽のバックグラウンドを飾るためにはどのくらい多くの（精神疾患のような）エピソードが必要なのか。あと何人のアーティストが死ぬ必要があるんだ」と語り、ジェイムズ・ブレイクと同様に、メンタルの問題とクリエイティブを結びつけて考えることに疑問を投げかけています。そして「常に音楽を作り続けたい。そのための唯一の方法は懸命に健康を維持することだ。より健康であることはとてもアートなことなんだ」と言い、精神面の健康のために活動休止を宣言しました。

こうしたアーティストたちからのメッセージはとても重要だと思います。クリエイティビティとメンタルの問題をむやみに関連づけず、もし状態が悪いようであれば、とにかく休むことが必要なのです。

ポイント

・メンタルヘルスに問題を抱えている人達は「無条件に受け容れてくれる人」を必要としており、そういった人が側にいてくれることが本人の回復に繋がります。

・メンタルの問題とクリエイティブな活動は結びつけられるべきものではありません。精神的に不健康な人が必ず良い作品を作るわけでもないし、逆に、精神的に健康な人が良い作品を生み出せないわけでもないでしょう。自分がつらいと思ったら休むべきですし、周囲の関係者もそれを促していくべきです。

（＊１）　全般性不安障害

過剰な不安と心配が、起る日のほうが起らない日よりも多い状態が少なくとも６ヶ月間に渡り、その心配を抑制することが難しく感じていて、以下の６つの症状のうち３つ以上を伴っていて【（１）落ち着きのなさ、緊張感、神経の高ぶり（２）疲労しやすい（３）集中困難、または心が空白（４）易怒性（５）筋肉の緊張（６）睡眠障害】臨床的に意味のある苦痛、または社会的・職業的、その他重要な領域で機能の障害を引き起こしている状態にあること。

（＊２）　ＥＭＤＲ

アメリカの臨床心理士Ｆ・シャピロが開発した方法。英、米、独、仏、スウェーデン、イスラエル、北アイルランドなど多くの国が発表するＰＴＳＤ（外傷後ストレス障害）の治療ガイドラインに「実証された最も効果がある心理療法」の１つとして載せられている。トラウマとなっているつらい記憶を心に思い浮かべながら、指の動きや機械の光の動きを追い、目を左右交互に動かす手法。ＷＨＯ（世界保健機関）も、ＥＭＤＲを患者の負担が最も少ないトラウマ治療の方法として推奨している。

引用

ジェイムス・ブレイク、自分の曲が〝sad boy〟と呼ばれることに反論「不健康で問題があると常々思っていた」billboard JAPAN 二〇一八年５月29日　http://www.billboard-japan.com/d_news/detail/63826/2

ジェイムス・ブレイク、うつ病や不安神経症に苦しんだ過去を告白「話すことで悪いイメージを取り除く責任がある」billboard JAPAN 二〇一八年7月3日　http://www.billboard-japan.com/d_news/detail/65093/2

J-CAST NEWS
「音楽が好きだが自分の心の健康も大事にしたい　米ミュージシャン、治療のため活動休止を宣言」二〇一七年7月26日　https://www.j-cast.com/2017/07/26304248.html?p=all

CBS NEWS
「Beyoncé On Love, Depression And Reality」 BY CAITLIN JOHNSON　DECEMBER 13, 2006 / 3:51 PM / CBS　https://www.cbsnews.com/news/beyonce-on-love-depression-and-reality/

INDIPENDENT
「Beyoncé discusses the importance of women focusing on their mental health 'without feeling guilty or selfish'」
Olivia Blair @livblair Tuesday　5 April 2016 13:　https://www.independent.co.uk/news/people/beyonce-mental-health-women-importance-focus-without-guilt-a6969541.html

クローズアップ現代「心と体を救う トラウマ治療最前線」二〇一三年12月11日放送
http://www.nhk.or.jp/gendai/articles/3445/1.html

一般社団法人　日本臨床心理士会
http://www.jsccp.jp/

8　創作に睡眠は大事

ミッシェル・ガン・エレファントをはじめとして、多くのミュージシャンに影響を与えた伝説のバンド、ザ・ルースターズ。その初期はとてもアグレッシブなサウンドとパフォーマンスでした。

ところが、その中心人物だった大江慎也は、神経衰弱（＊）によって安定した活動が困難になってしまいます。

彼がソロになってから発表した『GET HAPPY』という曲は、彼の精神状態が良くないことを感じさせるその歌と歌詞が非常に痛々しく、メンタルの問題を抱えた人間の苦しみが赤裸裸に表現されています。

GET HAPPY（作詞　大江慎也）

くるおしい愛の向こうに

生傷がたえないこの胸を
かきやぶって飛んで行く
心のちりを見つけても
見つけきれない

日毎夜毎痛めつけられ
ズタズタに切り裂かれたこの身は
とてもすてきな天国を夢見ている
残酷な心

＊（だけど）
どうしてこの夜は冷たいのかい
どうしてこの道はみだれているのかい
Let's get happy, oh baby listen to me

例えば罪のない部屋と
つたないため息を重ねても
胸の奥にうちやぶれて
どこか命をもて遊び狂う

＊＊（だけど）
どうして僕だけが苦しむのかい
どうして僕だけが眠れないのかい
毎日が Oh ゆうう
毎日が Oh ゆうう（注）

この宇宙をぶちこわして
死んでしまっても

その先に何があるのか

冷たいベッドによこたわって

体は蒼く醒えきって

＊ repeat

＊＊ repeat

（注）音源では「憂うつな悲劇」と歌っています。

彼はこの曲の2番で〈どうして僕だけが眠れないのかい？〉と不眠の苦しみを吐露しています。

前節までに、メンタルを健康に保つためには休息が必要であることをみてきましたが、そのためにも睡眠はメンタルの健康に欠かせないものです。また、これまでに何人ものアーティストが原因不明の突然死をしてしまいましたが、過度の睡眠不足はその原因のひとつでもあります。そうしたことを踏まえると、不規則な生活になりがちなアーティストにとっても、睡眠の重要性はもっと認識されても良いと思います。

日本睡眠学会によれば、成人の30％以上が何らかの不眠症状を有していて、6〜10％が不眠症に罹患しているそうです。不眠は、様々な良くない精神・身体症状を生じさせてしまいますので、対処が必要です。

不眠症に対する治療と言えば、睡眠薬を思い浮かべる方も多いと思います。実際、日本睡眠学会も「現在の不眠症治療の主流は睡眠薬を用いた薬物療法である」としています。睡眠薬は有効な方法ですが、同学会は「世界的に見ても日本人は睡眠薬に対して群を抜いて強い心理的抵抗感を有する」ので「不眠症に対する薬物療法は、患者が持つ不安・心配について適切に答えられ、ベネフィットがリスクを上回る妥当な方法で行なわれる必要がある」と指摘しています。私は医師ではありませんので、睡眠薬に関する詳細な説明は控えますが、より詳しく知りたいという方は、『睡眠薬の適正な使用と休薬のための診療ガイドライン』を参照してみてください。

さて、カウンセリングでの不眠との関わり方のひとつに「認知行動療法」という手法があります。この有効性は科学的にも立証されていて、日本睡眠学会でも推奨度A（最高レベル）に置かれています。

認知行動療法では、不眠症を長引かせてしまう生活習慣（行動パターンと睡眠に関する考え方）と身体反応（過覚醒）をカウンセリングなどで修正することで改善していきます。修正すべき行動パターンと睡眠に関する考え方とは、たとえば次の図のようなものです。

このように、不眠に対する不安や、睡眠に対する過剰な努力によって、身体的な緊張が（無意識に）生じ、それによって眠れなくなり、さらに眠るための努力をしてしまい緊張し

不眠の悪循環

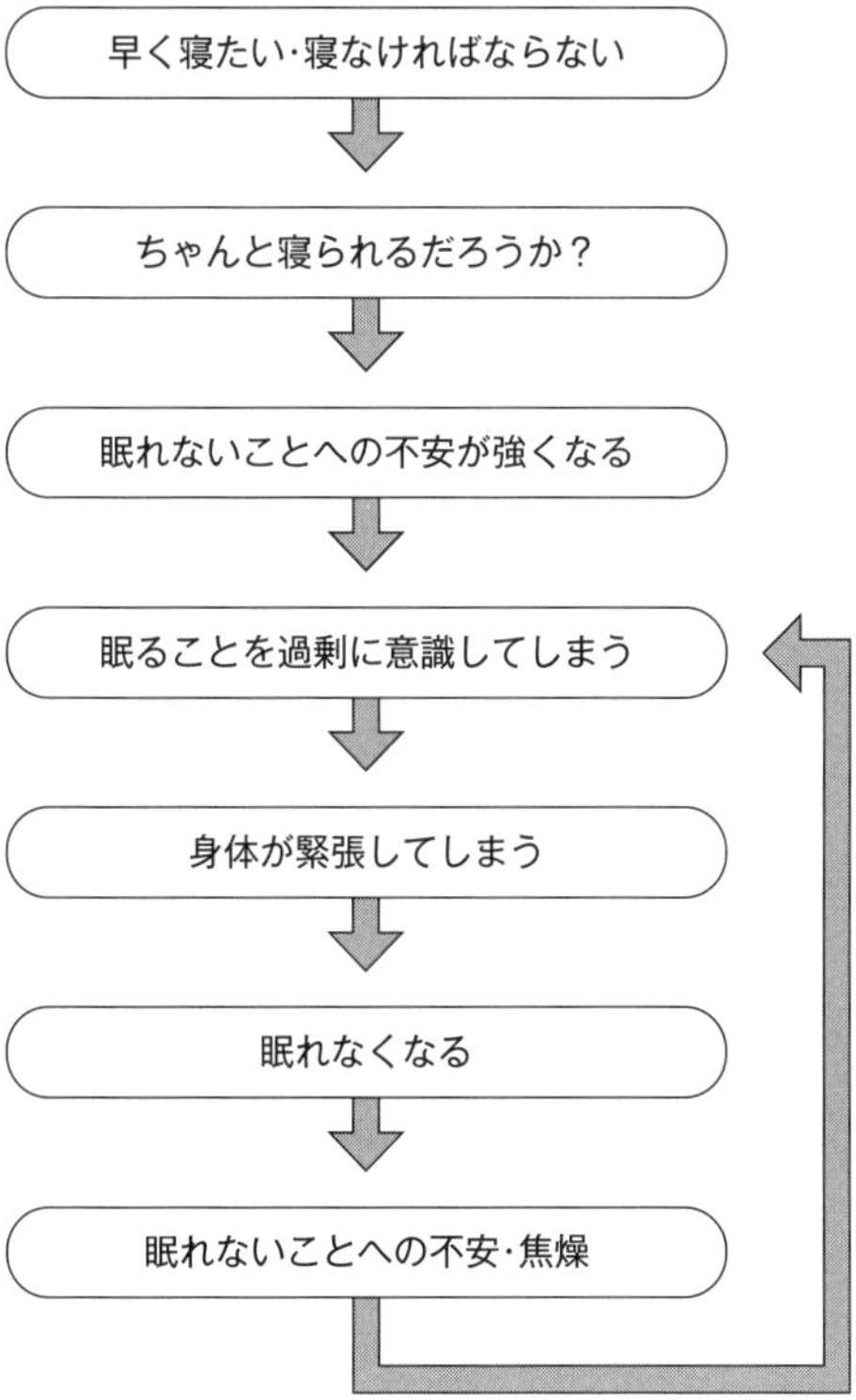
早く寝たい·寝なければならない
ちゃんと寝られるだろうか？
眠れないことへの不安が強くなる
眠ることを過剰に意識してしまう
身体が緊張してしまう
眠れなくなる
眠れないことへの不安·焦燥

て眠れなくなる、という悪循環に陥ってしまう場合があります。また、こうした悪循環の体験が、寝室やベッドに入ること自体に不安を覚えさせるようになり、不眠を慢性化させてしまいます。このような体験のある方も少なくないのではないでしょうか？

こうした悪循環を断ち切るために、睡眠習慣と睡眠への考え方の歪みを正していくのが認知行動療法です。自分でも今すぐできることとしては、以下のような方法があります。

まず、「眠くなってから就床し、起床時刻を守る」ことです。

しっかり眠ろうとして、早く就床すると、眠れないためにかえって緊張を生じます。眠りが浅いと感じるのであれば、遅寝早起きで大丈夫です。また、自分の睡眠を過小評価してしまっていて、実際は自分が思っているよりもちゃんと眠れているということも少なくないのです。ここでのポイントは「起きる時刻を一定にすること」です。

寝る前にはできるだけリラックスします。テレビやPC、スマートフォンなどを就床1時間前には切り上げられると良いです。また、寝酒は眠りを浅くしますので避けます。

そして、これも大事なことですが、15分経っても寝付けなかったら一旦寝床から出ます。可能なら、寝室以外の場所に移動して、眠くなるのを待ちます。不眠→緊張→不眠という悪循環を断ち、寝室は寝るとき以外は使わず「眠る場所・眠れる場所」にします。

また、「リラクゼーション法」も有効です。リラクゼーション法は、リラックス反応を誘導し、ストレス反応を低減させ、心身の回復機能を向上させる方法です。ストレス反応の軽減において即効性があり、訓練を続けることで心身の自律機能が回復し、ストレス反応が起きにくい体へと変化させます。これにはいろんな方法がありますが、ここでは、文部科学省の『在外教育施設安全対策資料【心のケア編】』で紹介されている「漸進的筋弛緩法」を紹介します。

【基本動作】

・各部位の筋肉に対し、10秒間力を入れ緊張させ、15〜20秒間脱力・弛緩します。

・身体の主要な筋肉に対し、この基本動作を順番に繰り返し行なっていきます。各部位の筋肉が弛緩してくるので、弛緩した状態を体感・体得していきます。

1 両手

両腕を伸ばし、掌を上にして、親指を曲げて握り込みます。10秒間力を入れ緊張させます。手をゆっくり広げ、膝の上において、15〜20秒間脱力・弛緩します。

2 上腕

握った握り拳を肩に近づけ、曲った上腕全体に力を入れ10秒間緊張させ、その後15〜20秒間脱力・弛緩します。

以下、緊張させる部位について。10秒間緊張後、15〜20秒間脱力・弛緩する要領は同様です。

3 背中

2と同じ要領で曲げた上腕を外に広げ、肩甲骨を引き付けます。

4 肩

両肩を上げ、首をすぼめるように肩に力を入れます。

5 首

右側に首をひねります。左側も同様に行います。

6 顔

口をすぼめ、顔全体を顔の中心に集めるように力を入れます。筋肉が弛緩した状態＝口がぽかんとした状態です。

7 腹部

腹部に手をあて、その手を押し返すように力を入れます。

8 足

爪先まで足を伸ばし、足の下側の筋肉を緊張させます。
足を伸ばし、爪先を上に曲げ、足の上側の筋肉を緊張させます。

9 全身

1〜8までの全身の筋肉を一度に10秒間緊張させます。
力をゆっくりと抜き、15〜20秒間脱力・弛緩します。

こうした、リラクゼーション法は、アーティスト活動のさまざまなストレスフルな場面でも利用できると思いますので、試してみてください。

ポイント うつ病の章で正しい生活リズムの大切さに触れましたが、その中でも睡眠は特に良い精神状態につながるものです。そして、良い睡眠を得るためには、以下を心掛けましょう。

1 眠くなってから就床し、起床時刻を守りましょう。

2　起きる時刻を一定にしましょう。

3　15分経っても寝付けなかったら一旦寝床から出ましょう。

4　寝室は、寝るとき以外は使わず「眠る場所・眠れる場所」にしましょう。

（＊）神経衰弱は、かつて多くの国々で病名（診断名）として扱われていましたが、現在では、この用語は概念が曖昧なためほとんど使われなくなりました。そして、かなりの割合でうつ病、不安状態にも分類しうることが証明されています。『ICD-10　精神および行動の障害　臨床記述と診断ガイドライン（新訂版）』（医学書院）」

9　過去の受け容れ方

「6うつ病と躁うつ病（双極性障害）はまったく違う病気」で少し取り上げたブルース・スプリングスティーンは、その自伝『ボーン・トゥ・ラン　ブルース・スプリングスティーン自伝』（早川書房）の中で自身のうつとの闘いについて書いているのですが「この本の中で僕が強調したかったことの一つは、誰であろうと、どこにいようと、うつは決して放っておいてはくれないということなんだ。いつも車に喩えているんだけどね。あらゆる自分自身がその車に乗っていて、新しい自分はその車に乗り込むことができるんだ。でも、昔の自分がその車を降りることはないんだよ。いつでも重要なのは、その中の誰がハンドルを握るかってことだよね」とインタビューで語っています。この発言はとても示唆に富んでいます。

マーシャ・リネハン博士が開発した「弁証法的行動療法」には「徹底的受容」という考え方・手法があります。そこでは、「何であれその出来事を価値判断したり、自分自身を批判したりすることなく現在の状況を認めて受け容れるということ」、「現在の状況はずっと前にはじまった出来事の長期的な連鎖を経て存在していること」、「この連鎖を否定することは、すでに起きてしまったことを変化させることに対して全く役に立たないことを認識すること」の3つが大切になると書かれています。過去を変えようとしても無駄、つまり「昔の自分がその車を降りることはない」ということを受け容れて、唯一コントロール可能な「現在」つまり「誰がハンドルを握るか」に意識を向けることが重要なのです。

心理療法の1ジャンルである「認知行動療法」では、過去よりも「現在」を重視します。先述したとおり、過去は変えようがないからです。ただし、「過去に対する考え方」は変容させることが可能です。私たちは、なんらかの事柄やストレスがあったときに、パッと頭に浮かんでくる考え方や感じ方の癖や偏り＝「自動思考」を持っています。それがネガティブに偏っていると、悪循環を生んでしまうことがあります。

この悪循環を避けるためにも、自分がどんな自動思考の癖を持っているのかを把握し、それが現実とどのくらいズレているかに注目し、自由な視点で柔らかいものの見方をできるように練習していきます。

ブルース・スプリングスティーンの比喩

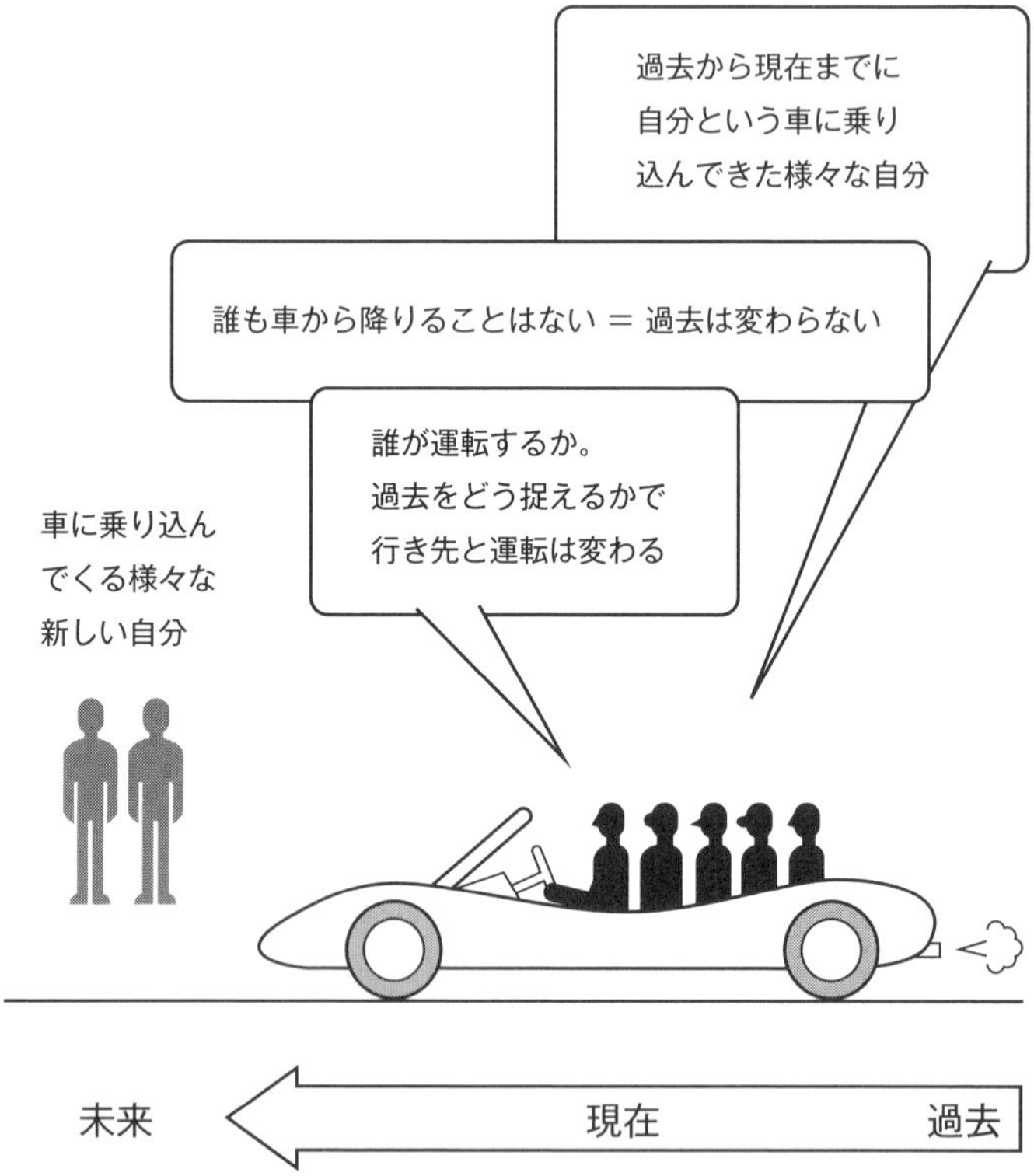

ここで大切なのは「事実に基づいて考える」ことで、「きっと〜に違いない」は「単なる想像」、あえてもっと強い言葉で言うなら「妄想」に過ぎないということです。たとえば、誰かにメッセージをメールやLINEで送ったのに返事がないときに「嫌われているに違いない」と思うことなどです。これは事実でしょうか？　これだけでは単なる想像に過ぎません。違う視点でこの事実を見直せば、違う考え方、感じ方を得られるはずです。

こうした偏りはいくつもあります。以下、『うつ病の認知療法・認知行動療法（患者さんのための資料）』（厚生労働科学研究費補助金こころの健康科学研究事業）から引用です。

（1）感情的きめつけ
証拠もないのにネガティブな結論を引き出しやすいこと

（2）選択的注目（こころの色眼鏡）
良いこともたくさん起こっているのに、ささいなネガティブなことに注意が向く

（3）過度の一般化

わずかな出来事から広範囲のことを結論づけてしまう

例：ひとつうまくいかないと「自分は何一つ仕事ができない」と考える

（4）拡大解釈と過小評価

自分がしてしまった失敗など、都合の悪いことは大きく、反対に良くできていることは小さく考える

（5）自己非難（個人化）

本来自分に関係のない出来事まで自分のせいに考えたり、原因を必要以上に自分に関連づけて、自分を責める

（6）〝0か100か〟思考（白黒思考・完璧主義）

白黒つけないと気がすまない、非効率なまでに完璧を求める

例：取引は成立したのに、期待の値段ではなかった、と自分を責める

（7）自分で実現してしまう予言

否定的な予測をして行動を制限し、その結果失敗する。そうして、否定的な予測をますます信じ込むという悪循環

例：「誰も声をかけてくれないだろう」と引っこみ思案になって、ますます声をかけてもらえなくなる

こうした自分の認知の偏りに注目し、事実に基づいて考え、「視点を変えてみる」ことで、バランスの良い思考が得られるのです。

コーネリアスに『Point Of View Point』という曲があります。

その歌詞は、様々な視点の「位置」のみの描写しかありません。価値判断を保留して、い

ろんな視点から自分を捉えてみようというカウンセリングの姿勢とも一致するようにも思えます。

ポイント　なにか不安や思考の悪循環に陥ったとき、自分のネガティブな思考に「癖」があることを予め認識しておきましょう。過去の経験やネガティブ思考に基づく「決めつけ」や「妄想」に偏った思考をせず、目の前の「事実」に基づいて思考するように心掛けてみましょう。

引用

NME「ブルース・スプリングスティーン、最新インタヴューで自身の鬱について語る」二〇一六年9月7日 https://nme-jp.com/news/26138/

『うつ病の認知療法・認知行動療法（患者さんのための資料）』（厚生労働科学研究費補助金こころの健康科学研究事業）

10　依存症は孤独の病気

薬物やアルコール等への依存は、アーティストにもしばしば見られ、これまでにも多くのアーティストたちがそれによって命を落としてきました。また、事件として大きく報道されることも多く、その度に様々な意見が世の中には溢れます。

ここでは、依存症についての基礎知識を確認しておきたいと思います。

まず依存症には主に2つあります。
1つは「物質への依存」です。薬物やアルコールなどのように、精神に依存性のある物質の摂取を繰り返しているうちに、自分でもコントロールできなくなってしまう症状です。
もう1つは、「プロセスへの依存」です。特定の行為や過程に必要以上に熱中し、のめりこんでしまう症状です。

それらをやめられない理由は「脳の問題」にあります。決して「意思が弱いから」、「心が弱いから」ではありません。脳の状態が変化して、自分の意思ではやめられなくなっている「欲求をコントロールできなくなる病気」なのです。そして、依存症はどんな人でもそうなってしまう可能性があります。

本人に依存症である自覚がないことが多いのも問題のひとつです。「やめようと思えばやめられる」とか「○○に比べたら大丈夫」と言って、本人も自分の意思ではやめられない病気になっているということを自覚できていないケースは多いです。

また、周囲が精神論や叱責、処罰だけで対応してしまい、問題がなかなか解決せず、むしろ状況を悪化させてしまうことも少なくありません。依存症当事者に対して、やめられないことを責めたり、「もうやめると言ったじゃないか」と約束を破ったことを責めたりすることで、本人はストレスを感じ、余計に依存を深めてしまうこともあるので注意が必要です。

一方で、依存によって生じた借金を肩代わりしたり、依存のために欠勤したのを本人の代わりに会社へ連絡をしたりするなどのように、周囲の人が尻拭いをするのも逆効果になってしまいます。その結果、本人は自分の問題に直面することなく、依存を続けてしまうのです。

依存症は「脳の病気」ですから、自分たちだけで何とかしようとするのではなく、まずは、周囲の人が専門の機関に相談して、適切なサポートのしかたを知ることから始めるほうが良いでしょう。具体的には、自助グループや家族会に参加したり、地域にある保健所や精神保健福祉センターのような専門の行政機関に相談することです。最初から当事者本人を連れて行く必要もありません。まずは、相談することで適切な対処法を訊くことから始めれば良いのです。

読売新聞の医療・介護・健康情報サイト『ヨミドクター』での「松本俊彦さんインタビュー（下）薬物依存症の治療プログラムとは?」から、精神科医の松本俊彦氏の言葉を引用します。

「まず、依存症の人たちに対しては、孤独にならないでほしいのです。1人にならないでほしいということです。では、1人にならないからといって、上から目線で説教する人が近くにいればいいのかというとそうではありません。薬物依存者は薬を使っているということをいつも誰かに隠しているから、誰といても孤独なんですよ。だから、そうならないで済む場所にいくことが孤独から解放されることです。それは専門医療機関、ダルクや自助グループ、あるいは地域の精神保健福祉センターだと思います。正直に『やりたい』とか『やっちゃった』と言える場所――。そこを見つけることが、まずあなたの孤独から回復する第一歩なんだと伝えたいです」

「確かに薬物依存症は、犯罪という側面もありますが、同時に依存症という病気の側面もあり、少なくとも何度も逮捕されたりする人は好きで使っている人はいないと思います。好きじゃないけれどもやめられなくなっているんだというこことを理解してほしいです。この病気をこじらせるのは孤独、あるいは排除や差別なんです。だから、ぜひ受け容れてほしいと思います。それから、30年前の啓発標語に、『人間やめますか？　覚醒剤やめますか？』というのがありましたが、あれはウソです。人間は薬を使っていても使っていなくても人間だし、単に覚醒剤をやめることが必要だというだけですよ」

ここで重要なことは「孤独」、「排除」、「差別」がこじらせる要因だというところです。サイモン・フレーザー大学のブルース・K・アレクサンダー博士のラットを使った実験があります。

博士は、ラットにとって快適かつ他のラットと交流ができる、広い環境をつくり、そこにモルヒネ入りの水と入っていない水を置きました。また、比較対象として、独房状態の檻にラットを入れて、同じように2種類の水を置きました。

すると、独房状態の環境にいるラットは、ほぼ100％が薬物入りの方を過剰摂取したのに対し、社会生活の活発な環境の方のラットは、過剰摂取は見られなかったのです。さらに、長期間薬物を摂取していたラットも、良い環境の方で過ごすようになると、薬物入りではない方の水を選択するようになったのです。つまり、他のラットとの交流の方が魅力的であるため、それを妨げる薬物摂取を避けるようになり、反対に孤独な状態は薬物の依存を促進してしまう、ということです。

ローリング・ストーン・ジャパンの「リンゴ・スターとイーグルスのジョー・ウォルシュが語る、長年苦しんだアルコール中毒と薬物依存症の苦悩」という記事があります。そこでジョー・ウォルシュは、生まれながら「注意力散漫、強迫神経症、若干のアスペルガー的症状」を抱えていて、その特性故に「俺は怯えていた。本気で怯えていた。だって、自分が馬鹿に思えたし、孤独だったし、誰も理解してくれなかったのだから」と語っています。そうした孤独や孤立という背景を抱えたままミュージシャンとしての活動を始めた彼は、アルコールや薬物の依存症となっていきます。その後、状態が悪化してしまった彼はアルコホリークス・アノニマス（自助グループ）に参加し、「生まれて初めて自分の居場所を見つけたと感じた」と、徐々に時間をかけて回復していきます。

他にもアルコールや薬物の依存症であることを公表したアーティストは数多くいますが、その中のひとり、二〇一八年にガンで他界したラッパーのＥＣＤは、彼の自伝的小説『失点・イン・ザ・パーク』（太田出版）の中でアルコール依存症となり入院した自分の状態、状況を赤裸裸に描いています。

厚生労働省のホームページの依存症対策のページでも「依存症は孤独の病気ともいわれる」と書かれています。依存は、薬物だけで起きるわけではなく、とりまく環境や社会との関係で生じるということを考えるのは、とても重要なことだと思います。

ポイント　**依存は「意思や心の弱さ」のような曖昧な原因ではなく、脳の状態が変化して「欲求をコントロールできなくなる」病気であるという理解が必要。それを「意思が弱い」などと責めてしまうと、当人の依存をもっと深める可能性があります。依存を深めるポイントは、「孤独」、「排除」、「差別」であり、とりまく環境や社会との関係**

で回復もするし悪化もするということを考えましょう。

引用

読売新聞 ヨミドクター「松本俊彦さんインタビュー（下）薬物依存症の治療プログラムとは？」二〇一六年12月14日　https://yomidr.yomiuri.co.jp/article/20161212-OYTET50030/

JAICO 働く人の心ラボ「ピエール瀧容疑者逮捕で考える薬物依存」二〇一九年3月17日 http://blog.counselor.or.jp/business_p/f224

Rolling Stone Japan「リンゴ・スターとイーグルスのジョー・ウォルシュが語る、長年苦しんだアルコール中毒と薬物依存症の苦悩」二〇一九年3月20日　https://rollingstonejapan.com/articles/detail/30276/1/1/1

11 パニック障害は精神論で対処するな

二〇一八年、人気アイドルが相次いで休養を発表しましたが、その理由は「パニック障害」でした。パニック障害を発症したことを公表している著名人は少なくなく、ミュージシャンでも、二〇一四年にはｙｕｉがパニック障害の診断を受けたことを自身のブログで公表し、出演予定のロックフェスへの出演をキャンセルしたことがありました。

パニック障害に関して、厚生労働省のサイト「みんなのメンタルヘルス」からその症状について引用します。

パニック障害・不安障害

突然理由もなく、動機やめまい、発汗、窒息感、吐き気、手足の震えといった発作を起こし、そのために生活に支障が出ている状態のことをパニック障害といいます。

このパニック発作は、死んでしまうのではないかと錯覚するほど強くて、自分ではコントロールできないと感じます。そのため、また発作が起きたらどうしようかと不安になり、発作が起きやすい場所や状況を避けるようになります。とくに、電車やエレベーターの中など閉じられた空間では「逃げられない」と感じて、外出ができなくなってしまうことがあります。

また、厚生労働省の研究班が平成14～18年に行なった一般住民を対象とした疫学調査では、何らかの不安障害を有するものの数は生涯有病率で9・2%、そのうちパニック障害は0・8%でした。アメリカの大規模疫学調査では、調査によって幅がありますが、パニック障害の有病率は1・6%とも4・7%という数値が出ています。つまり、アメリカでは多ければ約20人に1人が発症しているとされているのです。また、単純に比較できるものではありませんが、日本人のがんの生涯罹患率は、白血病が0・9%、食道がん、胆のう・胆管がん、膵臓がん、悪性リンパ腫が2%ですので、パニック障害は決して珍らしい、特別な障害ではないのです。

ところが、パニック発作が起きたときに精神科以外の病院で検査を受けると「異常なし」と診断されることがあります。そして、そのまま放置していると発作を繰り返してしまい、先述のような不安が強まって、うつ状態になってしまうこともあります。

治療はそのように不安が強くなってしまう前に行なわれるのが望ましいですが、具体的には、まずパニック発作を起こさせないため、そして、不安をできるだけ軽減させるために薬物療法を行ないます。パニック障害は薬物療法が効果的な障害ですので、薬物にたよらず精神論で対処すべきではありません。また、薬の効果は人によって違うため、効果を確認しながら増減したり薬を変更したりしますが、その効果を確認するためには医師が定めたとおりの量と回数を守ることが重要です。

また、そうした薬物療法に加えて、「認知行動療法」を併用すると効果的であることがわかっています（認知行動療法に関しては「過去の受け容れ方」参照）。

いずれにせよ、他の障害や精神疾患とも共通しますが、薬物療法と精神療法的アプローチを併用して「一歩一歩、ゆっくりと」ステップを踏んでいくことが大切です。

ポイント　パニック障害は、他の病気と比較しても珍しい特別な障害ではありません。にも関わらず、精神科以外の病院の診断では発見されにくい場合があります。パニック障害には、薬物療法が主に効果的であるため、処方された薬を飲みつつ、精神療法も併用していくなど「一歩一歩、ゆっくりと」ステップを踏んでいくことが大切です。

引用

厚生労働省「知ることからはじめよう　みんなのメンタルヘルス」
https://www.mhlw.go.jp/kokoro/know/disease_panic.html

コラム　産業カウンセラーとは?

私の肩書きのひとつでもある「産業カウンセラー」とはどういうものなのでしょうか?

一九二〇年代のアメリカで、様々な問題を抱えた労働者の職場適応のための支援の必要性を企業側も認識しはじめ、様々な研究と実践がはじまったのが「産業カウンセリング」の源流になります。日本では戦後に、アメリカから産業における生産性向上の理論とともに、この産業カウンセリングの理論が導入され、職場での相談活動や、集団就職で大量採用された若者たちへの支援などが行なわれたのがはじまりで、一九六〇年には「日本産業カウンセラー協会」が設立されました。一九九二年には、産業カウンセラー資格は労働大臣認定技能審査に加えられましたが、この技能審査が二〇〇一年には行政改革と規制緩和により廃止されたため、現在は協会認定資格となっています。

日本産業カウンセラー協会は、「メンタルヘルス対策への援助」、「キャリア開発への援助」、「職場における人間関係開発への援助」の3つを産業カウンセラーの活動と定めています。働く人だけでなくその家族も対象としており、相談やカウンセリングだけではなく、企業や組織への提案や教育、調整なども行ないます。

このように、「産業」に注目しているところが一般的なカウンセラーとの違いです。働いている人もその周囲の人も、産業のあり方が変化するとなんらかの影響をメンタル面に受けます。例えば、インターネットの普及は仕事も生活も一変させましたが、それによって心身に問題が生じてしまった人も現れました。今も様々な技術革新や環境の変化とともに、産業は大きく、急速に変化しています。それは音楽産業も同様です。私が産業カウンセリングを学ぼうと思った理由のひとつはここにあります。産業の変化に影響を受ける「人」を私なりに支援したいと考えたのです。

産業カウンセラーの倫理綱領に、私が好きな一節があります。

「産業カウンセラーは、社会的現象や個人的問題はすべて心のありようにより解決できるという立場をとらず、勤労者の問題は勤労者をとりまく社会環境の在り方と関連していると捉える」

（産業カウンセラー倫理綱領　第1編　総論　第1章　総則　（使命）第1条の2）

「すべて心のありようにより解決できるという立場をとらない」、「社会環境の在り方と関連していると捉える」ことはとても重要です。このことを頭の片隅に置いていただけると、本書の内容がより理解しやすくなるかもしれません。

第2章

自分の特性を知り、うまく付き合う

CHAPTER

2

PLAYLIST

Listen on Spotify

12　基礎から学ぶ発達障害（1）
自閉スペクトラム症・自閉スペクトラム障害

二〇〇〇年代初頭、ガレージ・ロック・リバイバルという流行がありました。ザ・ストロークス、ザ・ホワイト・ストライプス、ザ・ハイヴスなどのように、「The」を冠したバンドが多かったのですが、その中のひとつにザ・ヴァインズがいます。ザ・ヴァインズはオーストラリアのバンドですが、デビュー・アルバム『ハイリー・イヴォルヴド』がいきなり全世界で二百万枚近い大ヒット（全英5位、全豪3位、全米11位）となり、注目を集めました。

そのザ・ヴァインズの中心人物であるクレイグ・ニコルズは、暴言を吐いたり暴行事件を起こしたりと、トラブルメーカーとしても知られていました。

ところが、そうした行為を起こしてしまうのは、彼が「自閉スペクトラム症・自閉症スペクトラム障害（ASD）」（＊）であったことに起因することがわかったのです。自閉症スペクトラム障害とは、最近メディア等でも取り上げられることが多くなってきた「発達障害」のタイプのひとつです。

彼の場合「臨機応変な対人関係が苦手」というASDによる先天的な特性のため、毎回違うインタビュアーによる取材等は、かなりのストレスになっていました。また、毎回新しい土地で新しい人たちと関わらざるを得ない「ツアー」も、彼にとっては重大なストレスとなっていました。それらが蓄積して「暴発」した結果、様々なトラブルを引き起こしていたのです。

このエピソードについてより詳しくは『なぜアーティストは生きづらいのか？　個性的すぎる才能の活かし方』に書きましたので、興味のある方はお読みください。

さて、ここで「臨機応変な対人関係が苦手」という言葉が出てきましたが、これを読んでいる方の中には「そういうのはみんな、多かれ少なかれよくあることだよ」と思われた方もいるかもしれません。そこが発達障害にまつわる誤解のひとつです。発達障害に関する説明に入る前に、まず、どのような誤解があるかを見てみましょう。以下は、NHK発達障害プロジェクトに寄せられた、当事者の方の投稿から一部引用したものです。

発達障害の特性を説明しても「誰にでもあることだ」や「特性を理由に怠けている」「あちこち病気して忙しいね」等言われ辛い。（女性50代　当事者）

みんなが当たり前にできることができない人がいて、それは当人のせいでも、親の育て方のせいでもないことがなかなか認知されてないと思う。大なり小なりみんなそんな事あるよと言われるとそんな簡単な問題じゃないと思って ギャップを感じる。（女性40代　当事者）

怠けていたり、わざとミスをしていると思われがちで、やる気がないように誤解されているけど、まったくそうではない。（男性40代　当事者）

病気と障害の違いが理解されず「投薬や本人の努力次第で治るもの」と誤解されている。（女性　40代　当事者）

障害となっている人にとってそれは「誰にでもあるレベルではない」のです。クレイグ・ニコルズが感じていたストレスは、時と場合によって「自分の命が削られるような感覚になるくらいつらいもの」だったのです。彼は医師の指導でツアーを極力控え、レコーディングに専念することで、状態が好転していきました。二〇一八年には通算7枚目となるアルバム『イン・ミラクル・ランド』を発表しています。

では、自閉スペクトラム症・自閉症スペクトラム障害とはどんな特徴があるのか、米国精神医学会が作成する、精神疾患・精神障害の分類マニュアルである『DSM-5』で確認してみましょう。以下は『DSM-5　精神疾患の分類と診断の手引』（医学書院）からまとめたものです。

【自閉スペクトラム症・自閉症スペクトラム障害】

1　相互の対人的—情緒的関係の欠落

（例）対人的に異常な近づき方や通常の会話のやりとりができない。興味、情動、または感情を共有することが少ない。社会的相互反応を開始したり応じたりすることができない。

2　対人的相互反応で非言語的コミュニケーション行動を用いることの欠陥

（例）視線を合わせることと身振りの異常、または身振りの理解やその使用の欠陥。顔の表情や非言語的コミュニケーションの欠陥。

3　人間関係を発展させ、維持し、それを理解することの欠陥

（例）様々な社会的状況に合った行動に調整することの困難さから、想像遊びを

他者と一緒にしたり友人を作ることの困難さ、または仲間に対する興味の欠
如に及ぶ。

＊以上の例は一例であり、網羅したものではありません。

上記に指摘された特徴と共通しているのですが、英国の児童精神科医であるローナ・ウィングの「社会性の障害」、「社会的コミュニケーションの障害」、「社会的イマジネーションの障害」という「3つ組の障害」という定義もわかりやすいので、興味のある方はこちらで調べていただいても良いかもしれません。

これら以外に、感覚の特異性がある場合があり、すべての感覚で鈍感さや、反対に敏感さが生じることがあります。

【聴　覚】ある音には敏感に反応する一方で違う音には鈍感であるなど、音源の種類によっても反応が異なることも多い

【視　覚】特定の視覚刺激を恐れる。視覚的な刺激に対する独特の感じ方がある。
【味　覚】味、温度、舌触りなどに過敏であったり、逆に鈍感だったりする。
【嗅　覚】特定の臭いを極端に嫌がったり、逆に特定の臭いを頻繁に嗅ごうとしたりすることもある。
【触　覚】人から触られることを嫌がる。軽く触られただけでも怒り出す人もいる。特定の感覚刺激を好む場合もある。
【温冷感覚】暑さ寒さに鈍感な場合があり、火傷したり熱中症になってしまったりすることがある。反対に敏感なためクーラーをかけすぎたりする。
【痛　覚】痛みに関して敏感、逆に鈍感だったりする

こうした感覚の特異性は、ストレスが高まったときにより強く出ることもあり、「単なるわがまま」と言われてしまうこともありますが、本人にとっては重大なことですので、周囲の配慮も必要です。また、暑さや寒さや痛みなどに鈍感な特性を持っている人の場合は、本人が平気だと言っても、一定条件を超える場合には周囲が止めるべきですし、本人も自

覚しておいた方が良いのです。

その他、特定の領域に関する記憶力が優れていることがあり、それが社会生活上の武器になり得ることもあります。ですが、いったん記憶したことを忘れられないため、それが不快な経験や悲しい体験の場合、いつまでも強い心痛を感じてしまったり、細部の記憶のために物事の優先順位をうまく決められなかったりする場合があります。

もう少し、現れる特徴に関して具体的な例をあげてみましょう。これらは人によって強弱があり、強く出過ぎてしまった場合、生きづらさを生じてしまいます。「医師・病院と患者をつなぐ医療検索サイト Medical Note」の「自閉症スペクトラムとは-特徴と症状、どんな人が当てはまるのか？　発達や大人になってからの不安について」という記事から引用します。

・ひとりでいることを好む

・受け身な態度の対人交流
・一方的すぎる対人交流
・人情に配慮することに疎い

言葉を用いたコミュニケーションでは、

・話し言葉が遅れている
・「おうむ返し」が多い（エコラリア、反響言語）
・話すときの抑揚が異常である
・言語による指示を理解できない
・会話をしていても噛み合わない
・敬語が不自然
・皮肉を言っても通じず、たとえ話がわからない

言葉を用いないコミュニケーションでは

・身振りや指差し（体の動き）が理解できない
・目線、眼差し（目の動き）が理解できない
・言外の意味が理解できない
・話の文脈が理解できない
・著しく興味が限局すること、パターン的な行動があること
・特定の物事に対して強い興味をもつ
・特定の手順を繰り返すことにこだわる
・常同的な動作を繰り返していく
・興味をもった領域に関して膨大な知識を持つ
（鉄道、天文学、生物、地理、コンピュータ、テレビゲームなどさまざまなパターンがある）

こうした特徴を持っているアーティストが身近にいる人もいるのではないでしょうか？特定の物事に強い興味を持つところなどは、クリエィティブな面で強みになる場合もありますが、これらが「育てられ方などのせいではなく」、「生まれながらの脳の特性によって」発生していて、時に生きづらさの原因となっているのです。当事者だけでなく、周囲の人が、多様な人のあり方のうちのひとつに、こうした特性を持った人もいるのだということを知ることが大切だと思います。

ポイント　**自閉スペクトラム症は育てられ方などのせいでなく、生まれながらの脳の特性によるものです。自分にどんな特性があって、何が得意で何が苦手なのかを把握し、苦手なことに対しては無理をすることなく、周囲の人の支援を受けたり、環境の調整をするなどして対応します。周囲の人は、自閉スペクトラム症という特性を持った人がいるということを理解して、彼らの特長を活かすように、一緒に試行錯誤しながら支援するようにしましょう。**

引用

福祉情報総合ネット NHK ハートネット発達障害プロジェクト カキコミ板に寄せられた声
https://www.nhk.or.jp/heart-net/new-voice/bbs/46/1.html

医師・病院と患者をつなぐ医療検索サイト Medical Note『自閉症スペクトラムとは―特徴と症状、どんな人が当てはまるのか?発達や大人になってからの不安について』二〇一七年9月21日
https://medicalnote.jp/contents/150530-000017-MFVVZG

(＊) クレイグ・ニコルズは当時「アスペルガー症候群」と診断をされましたが、アメリカ精神医学会の診断基準が二〇一三年に改訂されてから、現在ではアスペルガー症候群は自閉スペクトラム症に統一されました。

13　基礎から学ぶ発達障害（2）ADHD（注意欠陥・多動性障害）

数々のヒット曲で知られるマルーン5のボーカル、アダム・レヴィーンは、自身がADHD（注意欠陥・多動性障害）であるということを公表しています。彼は10代の頃にADHDであると診断され、それ以来自分のこの特質に主治医とともに対処してきたそうです。

その他に、ブラック・アイド・ピーズのウィル・アイ・アムもADHDであると発言しています。

ADHDとはどのような特徴があるのか、これまでにも何度か出てきた精神疾患の世界的診断基準のひとつである『DSM-5』から確認してみます。

■注意欠如・多動症／注意欠如・多動性障害（Attention-Deficit／Hyperactivity Disorder）

不注意や多動性・衝動性が特徴で、それぞれ以下の症状のうち6つ以上（17歳以上では少なくとも5つ）があてはまる

【不注意】

（a）学業・仕事などで綿密に注意できず、不注意な間違いをする
（例）細部を見過ごす、作業が不正確

（b）課題・遊びの活動中に、注意を持続できない
（例）講義・会話・長時間の読書に集中し続けられない

（c）直接話しかけられたとき、聞いていないように見える

(d) 指示に従えず、学業・用事・職場での義務をやり遂げられない（すぐに集中できなくなったり、脱線してしまったりする）

(e) 課題や活動を順序立てられない

（例）資料や持ち物の整理ができない、作業が乱雑でまとまりがない、時間管理が苦手、締切を守れない等

(f) 精神的努力の持続を要する課題（学業や宿題、報告書の作成、書類に漏れなく記入する、長い文書を見直すなど）を避ける、嫌う、いやいや行なう

(g) 必要なものをしばしばなくしてしまう

(h) すぐに気が散ってしまう

（i）忘れっぽい

【多動性・衝動性】

（a）しばしば手足をそわそわ動かしたりトントン叩いたり、椅子の上でもじもじする

（b）席についていることが求められる場面で席を離れる

（c）不適切な状況で走り回ったり高いところに登ったりする（青年・成人では落ち着かない感じのみに限られるかもしれない）

（d）静かに遊んだり余暇活動につくことができない

（e）じっとしていられない

（f）しゃべりすぎる

（g）質問が終わる前に出し抜いて答えはじめてしまう。他の人の言葉の続きを言ってしまう。会話で自分の番を待てない

（h）順番を待つことができない

（i）他人を妨害、邪魔する（会話・ゲーム・活動など、他人の活動に干渉する、相手に聞かずに人の物を使ってしまう、など）

これらの特徴が、「本人の努力が足りないせいだ」とか「育て方が間違っている」、「しつけがなっていないからだ」とか「怠け者」、「だらしない」などと言われてしまう誤解を生

じさせてしまうことがあります。これらの特徴は、前節の自閉スペクトラム症同様に、生まれながらの脳の機能的な原因によります。

アダム・レヴィーンは、初のアルバム制作の頃、頭の中にアイデアがたくさん湧きすぎて、それをどのように形として完結させるかがわからなかったと言っています。つまり、身体や行動だけでなく「頭の中も多動」だということです。

また、ウィル・アイ・アムは、自分の頭の中の多動性を「止める方法がない」、「学んだことは、注意をキープすることや、じっと座っていることができないということだ」と語る一方で、「しかし、それらの特徴は、スタジオでクリエイティブなアイデアを話し合うのには良いんだ」と、それを長所に転換できていると言います。そして「君が僕の書いた曲を聴けば、それがADHDソングだってわかるよ。1曲の中に5つのフックがあって、それが3分間の中で全部出てくるんだから」と、自身の曲について解説しています。

このように、自分の特性と上手く付き合うと、それが良い方向に作用することもありえます。また、彼は「もし違う職業に就いていたら、生き残れなかっただろう。音楽は自分に取ってセラピーであり拘束衣でもあるんだ。音楽は自分を正気にさせ、集中させてくれる。音楽は自分の考えをコントロールしてくれるんだ」とも語っています。このように、何らかの特性が活かされたまま音楽と共存できて、それが良い作品を創ることにも繋がっていくことは、とても素晴らしいことです。彼のように才能の豊かなアーティストだけでなく、症状を持つ人々皆がより良く生きていくための特性の活かし方を見つけられること、そのための周囲の理解がもっと広がっていくことを望みます。

ポイント　ＡＤＨＤの特徴は忘れっぽい、じっとしていられない、衝動的に行動してしまう、などの「不注意」と「多動性・衝動性」。人の努力の問題や、育てられ方の問題ではなく、生まれながらの脳の機能的な問題です。ＡＤＨＤ的な特質の自覚があったとしても、それは病気でもなければ親の躾のせいでもないし、まして本人の努力不足でもないの

です。苦手なことに対しては無理をすることなく、周囲の人の支援を受けたり、環境の調整をするなどして対応しましょう。周囲の人もＡＤＨＤの人を単に落ち着きがなく、躾がなってない人だと思ってはいけません。周囲の理解が進むことが、彼らの二次障害を防ぎ、その特性を活かすポイントになります。

14　基礎から学ぶ発達障害（3）
ＬＤ（学習障害）

発達障害の分類には、これまで紹介してきた「自閉スペクトラム症」、「ＡＤＨＤ」と、もうひとつ「ＬＤ（学習障害）」と呼ばれるものがあります。これは、全般的な知的発達に遅れがないのに、「読む」、「書く」、「計算する」などの特定の分野の学習だけが極端な困難を抱えているケースで、自閉スペクトラム症やＡＤＨＤと同じく、育てられ方などによってそうなっているのではなく、生まれつきの脳の機能の特性によるものです。文部科学省の「学習障害児に対する指導について（報告）」での定義を引用しておきます。

学習障害とは、基本的には全般的な知的発達に遅れはないが、聞く、話す、読む、書く、計算する又は推論する能力のうち特定のものの習得と使用に著しい困難を示す様々な状態を指すものである。

学習障害は、その原因として、中枢神経系に何らかの機能障害があると推定されるが、視覚障害、聴覚障害、知的障害、情緒障害などの障害や、環境的な要因が直接の原因となるものではない。

俳優のトム・クルーズがＬＤのディスレクシア（読み書き障害）であることが有名です。また、映画監督のスティーブン・スピルバーグも同じ障害であることを告白しています。彼は読字障害のため、学校を同級生に比べて2年遅れで卒業しました。また、そのためにいじめを受けたこと、学校嫌いであったことなども話しています。そんな生活の中で救いとなったのが映画製作で「映画を作ることで、わたしは恥ずかしさや罪悪感から解放されました。映画製作はわたしにとっての『大脱走』（＊）だったのです」と彼は語っています。

ミュージシャンでは、オアシスのノエル・ギャラガーがディスレクシアであると言われています。彼は6文字以上だと難しく感じてしまうそうで、そのため学校時代は最悪だったと語っています。また、イギリスで絶大な人気を誇る彼らの名曲『ドント・ルック・バック・イン・アンガー』の作詞中、弟のリアムが〈"….don't back in anger！not today….〉

と歌うので「don't look back in anger！　だ」と言うと「だってそんなふうに書いてないぞ」と言われた、というエピソードをイギリスの音楽誌『Q』でのインタビューで紹介しています。歌詞をリアムに渡すとき、よく言葉や文章が抜けてしまうのだそうです。

また、ミュージシャンとしてだけでなく俳優としても活躍しているシェールもディスクレシアであると言われています。彼女は読むことが困難だったため、16歳で学校を中退するのですが、ほとんどを耳で聴いて学んでいたそうです。

発達障害は、次の図のようにそれぞれが重複することもあり、人によっては複数の特性を併せ持つ場合もあります。

また、発達障害者支援法では、この3つ以外に「その他の障害」も対象になっており、「吃音」や「トゥレット症候群」といった障害も対象に含まれています。

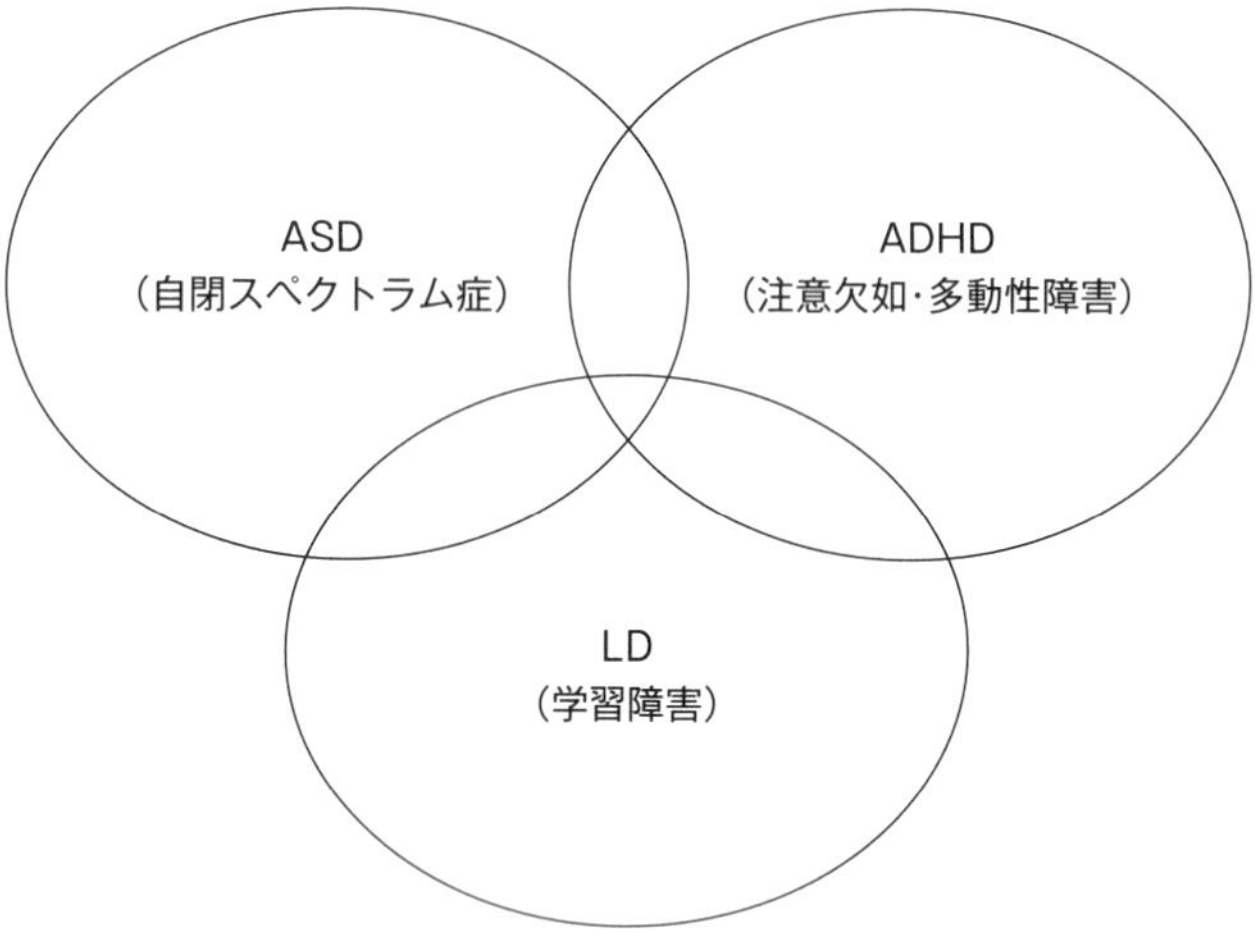
ASD
（自閉スペクトラム症）
ADHD
（注意欠如・多動性障害）
LD
（学習障害）

こうした特性を持った人たちがどのくらいの割合で存在するのか、ということに関するデータや説はいくつかあるのですが、長年発達障害の研究と診療に取り組んでこられた本田秀夫氏によれば、10人に1人の割合であるといいます。また、文部科学省による「通常の学級に在籍する発達障害の可能性のある特別な教育的支援を必要とする児童生徒に関する調査結果について（二〇一二年）」のデータによれば、公立の小中学校で「発達障害の可能性がある」とされた生徒は6・5％で、およそ1クラスに2名程度ということです。ただし、このデータは「通常学級」に通う生徒を対象にしており、特別支援学校などに通っている発達障害児はデータから除かれていますので、実際にはもう少し高い数字になる可能性があります。また、発達障害に知識のある教職員の見立てによる数字で、医師の診断によって出された数値ではないことにも留意が必要ではあります。

しかし、いずれにせよ、これらの特性によってなんらかの困難が生じている人は、実は身近にもいるのだということがわかると思います。それは紛れもない事実ですので、それを踏まえた環境づくりをすることが合理的だと思います。

【二次障害】

発達障害の特徴が周囲に理解してもらえず、誤解によってむやみな否定的評価や叱責などが積み重なると、否定的な自己イメージや自己肯定感の低下に繋がってしまい、その結果、抑うつ状態や情緒の不安定、深刻な不適応など、様々な精神的な症状を生じてしまうことがあります。これを「二次障害」と言います。そうした事態を避けるためにも、アーティストに携わる人たちはもちろん、より一層社会の理解が進んでいくことが必要なのです。

ポイント　ＬＤ（学習障害）は、全般的な知的発達に遅れはなく、聞く、話す、読む、書く、計算する又は推論する能力のうち特定のものの習得と使用に著しい困難を示す様々な状態のことを指します。本人の努力や育てられ方の問題ではなく、生まれながらの脳の機能的な問題です。自閉スペクトラム症・ＡＤＨＤ・ＬＤはそれぞれ重複することも

あり、人によっては複数の特性を併せ持つ場合もあります。発達障害の特徴が周囲に理解してもらえないことで様々な精神的な症状を生じる「二次障害」に繋がってしまうこともあるので注意しましょう。

（＊1） ジョン・スタージェス監督・スティーブ・マックイーン主演の映画『大脱走（原題：The Great Escape)』（一九六三年）のことだと思われます。

参照

David Morgan Education Famous Dyslexics : Noel Gallagher 二〇一三年8月2日
https://dm-ed.com/news/famous-dyslexics-noel-gallagher/
Oasis Interviews Archive Noel Gallagher -Q- February 一九九六年2月1日
http://oasisinterviews.blogspot.com/1996/02/noel-gallagher-q-february-1996.html
Dislexia Help at the University Of Michigan
http://dyslexiahelp.umich.edu/success-stories/cher

15 基礎から学ぶ発達障害（4）「個性と障害」

3つに分けて続けて発達障害について紹介してきましたが、ここで、「障害」と「個性」ということについて少し考えてみたいと思います。

まず、「自閉症スペクトラム症」という言葉の「スペクトラム」には「多様な仲間」という意味が含まれます。たとえば左の図のように、プリズムなどを使って光を波長の順に並べたものは光のスペクトルですが、多くの色が含まれて1つのグループを形成しています。

研究が進む中で、いわゆる「自閉症」の特徴がそれほど強くなく、一見すると違うように見えるけれど、特性として共通したものがある人の存在がしだいに明らかになってきて、その多様なあり方をスペクトラムとして捉えるようになったのです。こうして自閉症の概念が拡大してくると，自閉症の特性が濃く表れている場合から全く見えない場合まで，図

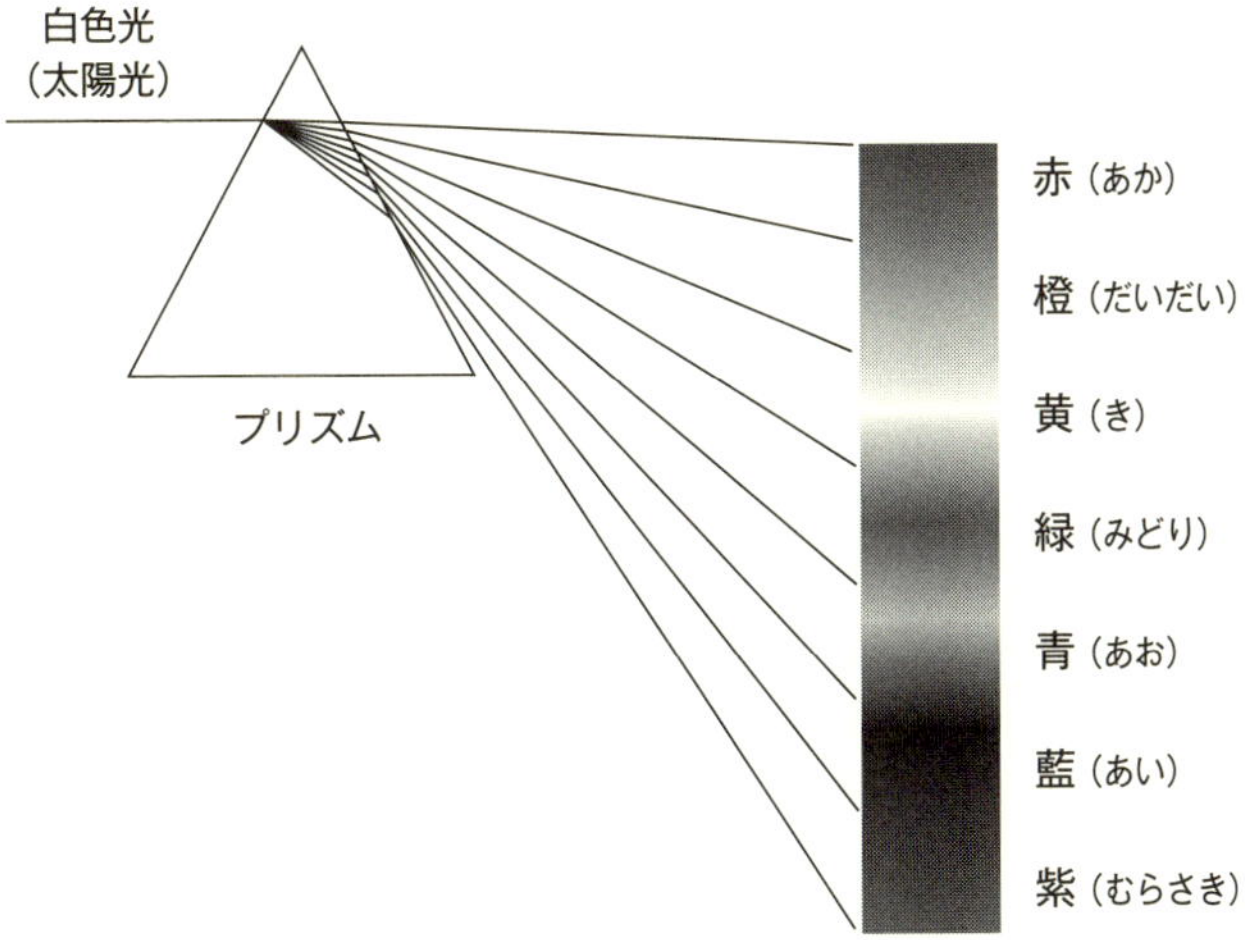

光のスペクトル

のように、さまざまなタイプがあたかも連続的であるかのように存在するという認識が広まってきたのです。

■「個性」と「障害」

「なにかの特性を持っていても、それによって日常生活上に支障がないのなら、それは障害ではない」という考え方があります。なんらかの支障がないのであれば、それは「個性」です。逆に言えば、なんらかの支障が生じれば、それは「障害」になってしまいます。

『発達障害のわたしのこころの声』（星野あゆみ著・本田秀夫監修／Gakken刊）の「発達障害は個性か？」という章で、著者の星野あゆみ氏は次のように書かれています。

発達障害は「個性のうち」だろうか。私は、それは違うと思う。個性というとプラスのイメージがあるが、障害と言われるからには、それだけの不便さがあるのだ。障害はその人の性格に影響を与えるかもしれないけれど、障害そのものは個性ではない。それに「個性なのだからそれでいい」と言ってしまっては、実際に生じる問題に対処できる能力も身につかない。だから、教育・医療・就労などの部分では、障害に対して適切にサポートする制度があってほしいと思うし、困っていることを「個性」という言葉に置き換えることによって「そのままでいい」と言ってしまうのでは助けにならないので、障害は障害として扱うべきだと思う。

ちなみに発達障害であることを打ち明け、相談したなかでベストアンサー(?)だったのは、「私は今のままの星野さんが好きだし、そのままでいいと思いますよ。でも何か困っていることがあったり、配慮して欲しいことがある場合には、遠慮しないで言ってくださいね」である。

「個性」と「障害」の境界線は曖昧で、環境や状況、社会や時代が変われば、それはどちらにもなり得ます。次ページの図は「ルビンの高杯」と呼ばれるものです。見方によって、

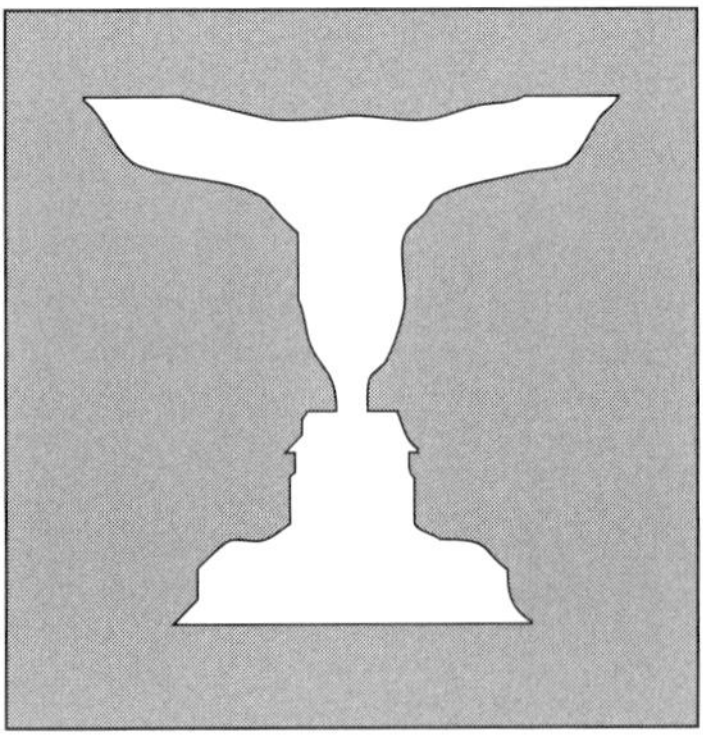

高杯に見えたり、向かい合う人に見えたりします。人間は、それぞれを交互に切り替えて認識することはできますが、同時にふたつのものを見ることはできません。そのように、個性も障害も、ついどちらかひとつだけに目を向けてしまいがちですが、どちらも存在するのです。

そもそも、個人のあり方を他人が規定するのはおかしなことです。同様に、当事者をぬきにして他人が「あなたのそれは個性だ／障害だ」と決めるのも妙な話だと思います。

イアン・デューリー（一九四二〜二〇〇〇）というイギリスのアーティストがいます。彼は7歳のときに小児まひにかかり、左半身が不自由になってしまいます。その後様々な苦難を乗り越えて美術教師になるのですが、自分が本当にやりたい音楽の道を選び、29歳から本格的にバンド活動を開始。34歳の一九七七年リリースのシングル『セックス&ドラッグ&ロックンロール』が全英チャート2位に、ファーストアルバム『ニュー・ブーツ・アンド・パンティーズ!!』が全英チャート5位となる大ヒットを飛ばしました。

そんな彼に、一九八一年、世界障害者年のためにユニセフは楽曲制作を依頼します。彼は当初「障害があっても頑張ろう」というような前向きな歌を書かねばと思ったそうですが「やはり本当の気持ちを歌おう」と決め、『Spasticus Autisticus（スパスティカス・オースティスカス）』という曲を作ります。

スパスティカスとはスパシ（痙攣）とローマ帝国に反乱した奴隷スパルタカスの合成語で、オースティスカスはオーティズム（自閉症）をローマ風にした言葉です。つまり「障害を持った反逆者」という意味を持つタイトルです。歌詞は「俺たちは障害者だけど、お前ら健常者には俺たちの気持ちはわからない」というような内容でした。そのため、ユニセフは「これは困る」と却下。さらにBBCでは放送禁止となってしまいました。彼はビッグチャンスを自ら棒に振っても、自分の意思を貫いたのです。そうした姿勢に対するリスペクトはもちろんですが、もうひとつ大切なことがあるように思います。それは、「わからない」ということです。『逝きし世の面影』（渡辺京二著・平凡社）という本にこんな一節があります。

ある異文化が観察者にとっていかにユーニークで異質であるかということの自覚なしには、そして、その理解のためには観察者自身のコードを徹底的に脱ぎ棄てることが必要なのだという自覚なしには、異文化に対する理解の端緒は拓けない。しかもその必要の自覚は、自文化のコードを脱ぎ棄てることは不可能だという絶望にまで、観察者を駆りたてることがある。

このくらい「他文化（他人）」を理解するということは難しいということだと思います。カウンセリングでも「共感」が大切であるということはこれまでにも何度か取り上げてきました。しかしそれは、相手と「同感（まったく同じ気持ち）」になれるということではありません。自分の準拠枠を脱ぎ棄てて共感的に理解しても、それはその人の感情そのものではないのです。そのことを自覚した上で理解しようとする、そうした困難さを含んだ姿勢が大切なのだと私は思います。

ちなみにこの曲ですが、彼の死後に開催された二〇一二年ロンドン・パラリンピックで障害者演劇集団「ザ・グライアイ・シアター・カンパニー」によってパフォーマンスされました。こういうチョイスや思い切りも含めてロンドン五輪のときの音楽などの演出は素晴らしかったと思います。

ポイント　なにかの特性を持っていても、それによって生きていく上でなんらかの支障がないのであれば、それは「個性」です。逆に言えば、なんらかの支障が生じれば、それは「障害」になります。ただし、それが障害であるか、個性であるのかを他人が規定しないようにしましょう。障害だと思う人には、周囲の人が気付かない、想像できない生きにくさがあるのです。当事者ぬきに他人が「あなたのそれは個性だ／障害だ」と決めつけないようにしましょう。

引用

星野あゆみ著 本田秀夫監修 Gakken 刊『発達障害のわたしのこころの声』二〇一五年7月28日

渡辺京二著 平凡社『逝きし世の面影』二〇〇五年9月5日

16　あなたの意思は本当に自分で決めたものなのか？

二〇一八年の夏の甲子園大会は、金足農業高校の活躍を中心に、様々なドラマとともに大変盛り上がりました。

一方で、投手の酷使や、それに伴う球数制限や過密日程に対する問題なども提起されました。私は、スポーツに関する科学的・専門的な知見を持っていませんので、そこに関しては触れませんが、ひとつ気になったことがありました。それは「本人が望んでいるのだから他人がとやかく言うべきではない」というタイプの意見です。同じようなことは、アーティストの活動でもよく言われます。音楽にしろ何にしろ、「本人が望んでやっていること」だから「それなりの覚悟もあるはず」なので「周りがとやかく言うことではない」あるいは「そのくらいの苦労や酷使は当然（仕方ない）」という考え方です。これについてカウンセラーとして考察してみたいと思います。

個人と集団の意思決定に関わる社会心理学の実験や検証はたくさんあるのですが、その中からいくつかを紹介します。

【スタンレー・ミルグラムの実験＝「服従」】

実験の参加者を生徒役と教師役に分けます。実際には生徒役の方はサクラで、被験者は教師役の方のみです。そして、生徒が回答を間違えるたびに教師役の方は電気ショックを与えるスイッチを押して電流を流すよう命令されます。実際には電流は流しておらず、生徒役は演技で悲鳴を上げるのですが、それは教師役には伏せられています。するとその状況下で、なんと65％の人が命令に従い続けて、最大電圧までスイッチを押し続けたのです。これは命令などの強い社会的圧力に、人がとても弱いということを実証しました。この実験はナチスの将校アドルフ・オットー・アイヒマンの名前にちなんで「アイヒマン実験」とも呼ばれます。これを題材とした『アイヒマンの後継者 ミルグラム博士の恐るべき告発』という映画もあります。

【ソロモン・アッシュの実験＝「同調」】

被験者1名と複数のサクラで集団をつくります。そして1本の棒の画像を見てもらい、それと並んで提示された画像に描かれた3つの棒の中から、その1本と同じ長さの物を選んでもらいます。その長さの違いは誰が見ても明らかにわかるようになっているのですが、サクラ全員に間違った回答をさせると、12回やって1回もサクラの誤答に同調しなかった被験者はたったの25％でした。正解が明確に分かる問題であっても、周囲の回答次第では自身の回答を変化させてしまうこと、人は強制されなくても「同調」してしまうことが明らかになりました。

【フィリップ・ジンバルドーの「監獄実験」＝同一視】

無作為に囚人と看守に分けた模擬監獄を作ると、指示されていなくても看守は命令口調になり、囚人に対して暴力的・権威的に振る舞うようになり、囚人の方も囚人らしい行動をとるようになりました。このように、社会的圧力がなくても、周囲から望まれた行動が内面化してしまうことがあるのです（＊現在ではこの実験の信憑性を疑問視する意見もみられます）。

【チョイス・ブラインドネス】

男性被験者に2枚の女性の写真を見てもらい、より魅力的だという方を選んでもらいます。そして、一度写真を伏せます。その後、被験者が選択した方の写真だけを見てもらい、そちらを選択した理由を説明してもらいます。ところがその際に、実際にはマジックの手法で写真をすり替えていて、被験者が選択していない方の写真を見せるのです。すると、6～8割の被験者はそれに気づかず、さらには自分が選んでいない方の人の魅力について説明し始めたのです。このように、人は好きなことの理由を後づけで考えるので、必ずしも選んだときの理由を意識しているとは限らず、自分の意図で決めたと思っていた動機は、後から編集されうるのです。

【フェスティンガーの認知的不協和の実験】

すべての被験者にとても退屈な同じ作業を与えます。作業終了後に、その作業の評価をしてもらうのですが、その際に、次にその作業を行なう被験者に「作業は楽しく興味深い」と言うように要請されます。そのときに、そのように嘘をつく報酬が1ドルのグループと、20ドルのグループに分けます。すると、1ドルの報酬のグループの方が「楽しく興味深かった」と言い、20ドルもらう方のグループは「面白くなかった」と回答したのです。

これは「個人の心の中に矛盾する二つの認知があるとき、その『不協和』を低減するために、比較的変えやすい認知を変える」ということです。たとえば、喫煙者が「肺がんと喫煙の関連は高い」という記事を読んだときに、禁煙するのは大変なので「タバコを吸っていても長寿の人はいる」と考えたり、なにか物を買ったとき、評論家がそれを低く評価している記事を見たときに、「この評論家は信頼できない」と考えたり、他のところで肯定的な情報ばかりを探してみたりすることなども当てはまります。

【ストックホルム症候群】

誘拐や監禁などのような拘束下にある被害者が、加害者と時間や場所を共有するうちに、加害者に好意や共感を抱くようになる現象です。一九七三年にストックホルムで起きた銀行立てこもり事件での監禁状況の中で、被害者たちが次第に犯人に共感し、警察に銃を向けたり、解放後も犯人を庇う人が現れたりしたという事件に由来します。

いかがでしょうか。個人の意思決定は、これほどまでに自分以外のものによって左右されてしまうのです。もちろん、本人の意思は優先されるべきですし、カウンセラーは基本的に自己決定を尊重します。しかし「本人が望んでいるから」という、その「本人の意思」は、本当に自らの意思で決められたことなのか、周囲の環境がそのように仕向けていないのか、ということに対しての注意と配慮は必要だと思います。

アーティストの場合でも、最初は誰かに頼まれてやりはじめたわけではなく、自分の意思で、やりたいからやりはじめた、という人がほとんどでしょう。それが周辺環境の変化によって、いつのまにか本来の自分の意思とは離れた意思決定をしてしまっていないか、確認してみる必要があると思います。「自己一致」することはとても大切なことです。

また、発達障害の節でも取り上げましたが、生まれながら痛みや寒暖に鈍感な人も存在します。すると、放っておくと危険なレベルまで頑張ってしまう場合があります。そういう場合、本人が平気だ、大丈夫だ、と言っても止めなければいけません。それはメンタルに関しても同じことで、過剰に頑張り過ぎてしまう人が存在することも前提にして「このくらいの状態や条件になると危険」という知識の共有とルール作りは必要です。壊れる可能性を是としたやり方は、第7節で紹介したパッション・ピットのマイケル・アンジェラコスの「あと何人のアーティストが死ぬ必要があるんだ」という嘆きにつながるような、周囲による単なる無責任な感動の消費につながる可能性もあります。

ここでイースタンユースの『ソンゲントジユウ』という曲を紹介しておきます。この曲についてイースタンユースの吉野寿はインタビューで次のように語っています。

人生のなかでいちばん優先されるべきもの、大事にするべきものというのは「個」なんじゃないかと思ってるんです。社会の役に立つために生まれてきたわけじゃないし、ましてや国の役に立つために生まれてきたわけでもないし、自分の人生を自分らしく生きることを探求するために生まれてきたわけですから。その「個」があって初めて社会のいろんな仕組みが成り立つし、「個」を手放して「公」を優先させてしまうと生きる意味がなくなってしまう。（Rooftop「生存の実感と尊厳と自由を赤心の歌に託して」二〇一七年10月1日）

とても力強いメッセージです。イースタンユースは『同調回路』という曲では〈俺は同調しない！〉と絶唱しています。こちらもぜひ聴いていただきたいです。人は社会的な生き物ですから、社会とは関わっていかなければなりませんし、ここまで見てきたように、個人の意思は環境に左右されやすいですが、それを自覚することで、むしろ個は尊重されるのではないかと思います。

ポイント　いくつもの実験結果で、人は自分の意思より周りの環境や状況によって意思決定を

促されうることが証明されています。時にはそれが本当に自分の意思に基づくものか考え直してみることも必要。また、周囲の人間も「本人が望んでやっていること」だから「それなりの覚悟もあるはず」という決めつけをせず、なにかに促され辛さや無理を我慢していないかどうかを考えてあげましょう。

引用

Rooftop『生存の実感と尊厳と自由を赤心の歌に託して』二〇一七年10月1日
https://rooftop.cc/interview/171001145510.php

17 LGBTの人々が与えた芸術分野への影響

まず、LGBTという言葉の意味の確認をしておきましょう。

Lはレズビアンの頭文字からとられていて、女性に性的・恋愛感情（性愛感情）を抱く女性を指します。

Gはゲイの頭文字で、男性に性的・恋愛感情（性愛感情）を抱く男性を指します。

Bはバイセクシュアルの頭文字で、男女どちらにも性愛感情を抱く人です。

Tはトランスジェンダーの頭文字です。これは、生まれた時に割り当てられた性別に対して違和感を持っている人、自分が生きていきたい性別が異なっている人です（生まれた時に割り当てられた性別と自分自身に違和感がない場合を「シスジェンダー」と言います）。

実際には、この4つ以外にも、身体の性別の特徴が男女どちらともいえない「インターセックス」や、男女どちらにも性愛感情を抱かない「アセクシュアル」などの人も存在します。そのように、ＬＧＢＴという括りからもれてしまう人がいることや、どんな性的指向や性自認のありかたでも、すべて守られなければならないという考え方から「性的指向（Sexual Orientation）」「性自認（Gender Identity）」の頭文字をとって、「ＳＯＧＩ（ソギ／ソジ）」という言葉も使われるようになってきています（本書では、現時点での一般的な言葉の認知度から「ＬＧＢＴ」を使用します）。

一部には「同性愛は生物学的に異常なこと」という根強い誤解があります。しかし、生物学は「様々な観察によって実際の生物の有り様を見出すもの」であり、「生物のあり方を規定するもの」ではありません。

たとえば、ある動物Ａを観察しているとします。そのとき、Ａたちが肉を食べていたとします。するとその観察によって「Ａは肉食である」とされます。

しかし、新たな観察で、草を食べるＡが確認されました。その時に「そのＡは異常だ」「それはＡではない」となるでしょうか？　それでは「Ａとはこうあるべき」と、はじめからＡの前提を決めてしまっているただの「思い込み」になってしまいます。そしてそれは

「科学的な態度」とは言えません。こうした場合は「肉食であるとされていたAには、草を食べるAもいた」という新たな「事実」が発見されたのですから、それを踏まえてAとはどういう生き物なのかを新たに考え直す必要がある、ということになるはずです。つまり、異性愛者以外の人間がいるならば、それを含めて人間を定義するということです。

また、動物の同性愛（両性愛）は自然界に多く見られることでもあります。

二〇〇六年、ノルウェーのオスロ自然史博物館では「生物の同性愛」をテーマにした展示が行われました。そこでは、キリン、ペンギン、オウム、クジラ、カブトムシなど、数多くの動物や昆虫にみられる同性愛的行動が紹介されました。この展示会のプロジェクトリーダーは「同性愛的行動が確認された動物は千五百種以上あり、そのうち五百種の同性愛が立証されている」とロイターの取材に対し語っています。

「同性間では子孫を残せない」という観点からの否定的な意見も見受けられますが、「遺伝子を残すこと」は「自分の」子を残すことに限定されません。他者の繁殖を助けることも、その種の遺伝子を残すためには有効な手段のひとつとなります。
私たちの身近に生きるアリの場合は自分が繁殖するよりも女王アリを手伝うことによって、より多くの遺伝子を残すことを選択しています。社会的な生物であればあるほど、その方向へ進化していくのは、ある意味理に適っていて、同様に社会的な生物である人間にも同じことが言えるのです。

また、一九七三年には、アメリカの精神医学会が「同性愛は精神障害ではない」と決議しました。国際精神医学会やWHO（世界保健機関）も「同性愛はいかなる意味でも治療の対象とはならない」という宣言を行なっています。同性愛は精神医学的にも「異常」でも「倒錯」でもないのです。

つまり、ここで誰もが知り、理解しておきたいのは「少数であることが不自然である」という考え方をやめてみることです。「少数が存在することは自然である」としたほうが、この星の生物学、生態学的には理に適っているのです。

【現代のダンス・ミュージック、クラブ・カルチャーの源としてのＬＧＢＴ】

自分がＬＧＢＴのいずれかであると公表しているアーティストはたくさんいます。検索してみれば様々な名前が上がってくるでしょう。それだけでもＬＧＢＴの人びとが芸術分野に与えている影響の大きさがわかると思いますが、特に現在のダンス・ミュージックやクラブ・カルチャーに、ＬＧＢＴの人たちが与えた影響はとても大きいことは良く知られています。簡単に、その歴史を見てみましょう。

一九六〇年代のアメリカは、ＬＧＢＴにとって暮らしやすい国ではありませんでした。性的指向を理由として解雇することは違法ではなく、同性間の性交渉を禁止する「ソドミー法」と呼ばれる法律がほぼアメリカ全土で施行されていました。

そんな中、ニューヨークには比較的自由な空気があり、合法的なゲイバーもありました。

それでもＬＧＢＴのカルチャーが「風紀を乱す」という見方は根強く、一九六九年、ストーンウォール・インという店に警察が立入り、無免許酒類販売の現行犯としてゲイバーの店員を逮捕する、という事件が起きます。こうした事態は珍しいことではなく、客は警官たちに侮蔑的な言葉を吐かれても黙って耐え忍ぶ、というのが当然のことでした。

ところがこの日は、違っていました。客たちが警官に物を投げつけはじめ、それは暴動にまで発展してしまいます。そして、差別撤廃と解放を求める人たちが集まって、五日間にわたって警察と対峙し続けました。これは「ストーンウォールの反乱」と呼ばれています。

この事件をきっかけとして、一九七〇年代以降、差別撤廃運動が加速します。ストーンウォール・インは、現在ではLGBTナショナル・モニュメント（国定文化遺産保護地域）に指定されています。

そのような背景があった中、一九七〇年代初頭のニューヨークでは、アフリカ系アメリカ人やラテン・カリビアン、LGBTなどが集まる空間が形成されていきます。そこでは、四つ打ちのリズムのダンス・ミュージックが鳴っていました。それはディスコと呼ばれる音楽スタイルとして発展し、やがて多数派の白人層へと拡大していきます。

ニューヨークには数多くのディスコ専用クラブが次々にオープンし、ドナ・サマー、シック、ビージーズ、KC&ザ・サンシャインバンドなど、ディスコ・ミュージックでヒットを飛ばすアーティストたちが次々と生まれました。

しかし70年代の終わり頃、ディスコがアフリカ系アメリカ人やラテン・カリビアン、LGBTのカルチャーをルーツに持つことを嫌悪・罵倒するような運動が起きてしまいます。

「Disco Sucks（ディスコなんかサイテーだ）」と書かれたTシャツを着てディスコを揶揄する運動がはじまり、一九七九年には、ラジオ局のDJが企画した「Disco Demolition Night（ディスコ爆破ナイト）」というイベントがシカゴの野球場で行なわれます。これは、野球の試合後、参加客が持ち寄った大量のディスコのレコードを、ダイナマイトで爆破するという過激なもので、暴動のような騒ぎにまでなってしまいました。また、ニューウェーブなどの新しい音楽の登場もあり、ディスコは80年代に入ると低迷していきます。

そんな中、ニューヨークのパラダイス・ガレージなどのクラブでは、自らゲイであることを公表していたラリー・レヴァンのような人気ＤＪが登場します。彼の音楽はガラージと呼ばれるようになり、後のハウス・ミュージックの源流にもなります。

そのラリー・レヴァンと共にＤＪをやっていたフランキー・ナックルズ（彼もゲイであることを公表しています）はニューヨークからシカゴに拠点を移します。彼を中心にシカゴのＤＪたちは、様々な音楽を融合させてシカゴ・ハウスを生み出します。

一九八〇年代後半になるとサイケデリックな要素も持つアシッド・ハウスが誕生し、イギリスでも流行しました。イギリスのクラブの多くはゲイ・フレンドリーを公言していたのですが、当時のイギリスは反ＬＧＢＴ的な法案「セクション28」が可決されていた時期でもあり（現在は撤廃されています）、そうしたクラブは警察からマークされてしまいます。

その圧力から逃れるように、人里離れた野外でパーティが開催されるようになり、「レイブ・パーティ」と呼ばれました。それはやがて「セカンド・サマー・オブ・ラブ」という大きなムーブメントに発展します。そのムーブメントの影響から、ストーン・ローゼス、ハッピー・マンデーズ、808ステイト、KLFなどのアーティストたちが生まれます。その後現在に至るまで、クラブ・ミュージック、ダンス・ミュージックのみならず様々な音楽ジャンルやカルチャーに、このムーブメントは影響を与え続けています。

テーマにLGBTが盛り込まれている曲はたくさんありますが、ここではシンディ・ローパーの大ヒット曲『トゥルー・カラーズ』（*）を紹介します。シンディ・ローパー自身LGBTの権利擁護活動などに積極的で、〈あなたの本当の色を見せることをおそれないで／本当の色は美しい／まるで虹のよう〉と歌うこの曲はLGBTのアンセムのひとつになっています。

このようにLGBTの人々が文化に与えた力は多大なものです。しかし、大事なことは「いかなる性的指向や性自認であっても尊重されること」です。決して「何かの役に立つから」尊重されるわけではない、ということは忘れてはならないと思います。

【カミングアウトについて】

ＬＧＢＴに関しては、考えなければならない問題がとても多くありますが、ここでは「カミングアウト」に関することについて触れておきたいと思います。

カミングアウトとは、これまで誰にも話さなかった自分の秘密を話すことです。大事なのはこれは「自分が打ち明ける」ことであって、周囲の人間がカミングアウトさせるようにしむけたり、本人の許可なく秘密を明かしたりすることは「アウティング」と言います。

これまでにもアウティングによって、当事者が不本意な扱いを受けたり、追い詰められて命を断ってしまったりすることがありました。こうした事態は絶対に避けなければなりません。

また、カミングアウトすることには、様々なメリットとデメリットがあります。メリットには、隠しながら生きていくことのストレスが軽減すること、ＬＧＢＴの人たちのコミュニティに参加することで新たな人間関係や生き方が得られること、などがありますが、すべての人々が理解し受容できるわけではないという現実や、嫌がらせや差別を受けるなどのデメリットも生じる可能性があります。

カミングアウトは「しなければならない」とか「してはならない」というものではありません。あくまでも自分らしく、より良く生きていくために、自分で選びたいやり方を選びましょう。そして、その選択に悩みが生じたら、専門の相談窓口に連絡してみましょう。また、カミングアウトされた方は、まずは助言をしようとは思わず、「教えてもらって良かった」と平常心で反応しましょう。憶測や固定観念は脇に置き、一個人として本人の話を傾聴することが重要です。

ポイント　・「少数派の特性や指向を持った人が存在することが、ごく自然なことである」ことを念頭に置いてみましょう。

・カミングアウトに悩んだり迷ったりしたら、専門の相談窓口に連絡しましょう。カミングアウトされたら、まずは助言をしようとは思わず、「教えてもらって良かった」と平常心で反応し、憶測や固定観念は脇に置き、一個人として本人の話を傾聴しましょう。

・LGBTを始め、マイノリティは何か優れた能力を有するなどの条件付きで存在を許されているわけではありません。誰かが存在するということに何かクリアしなければならない条件は無いのです。

（＊） TRUE COLORS
Tom Kelly / Billy Steinberg

18　他人を意識しすぎない

現代を代表するラッパー、ケンドリック・ラマーは、二〇一五年に製薬会社のカイザーのうつ病啓発キャンペーンに『i』という曲を提供しています。原曲の歌詞を少年が呟いているこの動画の最後には「うつは言葉にするのが困難だ」、「自分の言葉を見つけろ」というテロップが流れます。

その『i』のフックの部分では〈I Love Myself〉と連呼しています。自分自身を愛する、言い換えるならば「自己肯定感を持て」というところでしょう。自尊感情（Self Esteem）、という言葉でもほぼ同じ意味合いで使われています。これは、文字通り自分自身に対して肯定的な感覚を持つことですが、それは、自分の長所も短所もすべてを含んで受け容れるということで、これまでの本の中でも出てきた「自己一致」、「徹底的受容」などにも通じる感覚です。

日本では「自尊心が高い」というと、「なんだか偉そう」という感じに、悪い意味で受け止められることもありますが、ここで言う自尊感情は、そのように「威張る」というようなことではなく、先述したように「ありのままの自分を受け容れる」ということです。こうした自己肯定感、自尊感情が高い人ほど、他人を尊重することができます。

ところが、日本人はその自己肯定感が低く、自分に対してネガティブな意識を持つ傾向にあります。次ページのグラフは日米中韓の高校生を対象に、それぞれの自己肯定感のあり方を調査したものです。これを見ると、日本人がいかに自分を否定的に捉えているかがわかります。

この他に、平成26年の内閣府の調査（節末の引用元参照）によれば、「自分自身に満足しているか」の主題で、日本、韓国、アメリカ、イギリス、ドイツ、フランス、スウェーデンの7カ国の13～29歳で調査し比較したところ、日本がダントツで低い数値になっています。

日本・米国・中国・韓国の
高校生の自己認識（自己肯定感）の比較

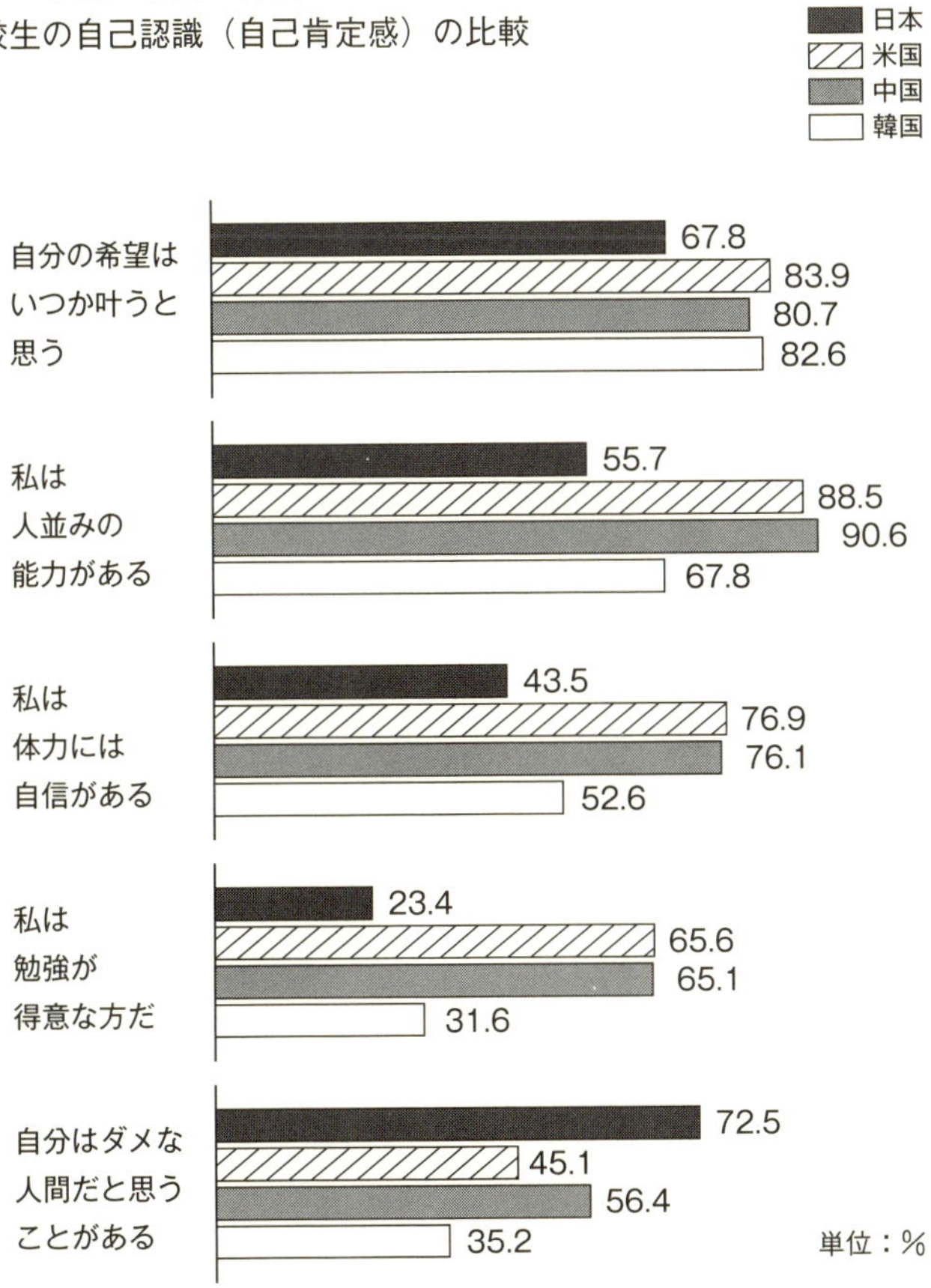

独立行政法人　国立青少年教育振興機構
「高校生の生活と意識に関する調査報告書 - 日本·米国·中国·韓国の比較 -」
(平成27年8月)の調査結果から筆者制作

ところで、ケンドリック・ラマーはローリング・ストーン・ジャパンの記事のインタビュー「現代最高のラッパー、ケンドリック・ラマーが考える『偽アーティスト』とは？」で、こんなことも言っています。

「俺の考える偽アーティスト、それは他人のスタイルを真似て成功を収めようとするヤツらのことだ。自分の声で語ることを恐れ、他者の成功を妬み、ただ逃げてばかりいる連中だ。そういうヤツらが、ヒップホップというゲームに水を差してしまっている」

「誰もがケンドリック・ラマーになれるわけじゃないんだ。俺みたいにラップしてみろって言ってるわけじゃない。ただ自分自身であれって意味さ。他人を意識しすぎるあまりに、自らの才能を台無しにしてしまったヤツらを、俺は嫌と言うほど見てきた」（＊）

あるがままの自分を受け容れることが、アーティストにとっていかに重要なことなのかを力強く主張しています。自己肯定感・自尊感情は、メンタルヘルス的にも、クリエイティブ的にも、とても大切なのです。

ちなみに、ＨＩＰ ＨＯＰシーンでは、自分の希死念慮をラップするような自己のメンタルに向かい合った表現は昔からあったのですが、その一方では心理療法を拒否する風潮もありました。それには様々な理由があるのですが、大きな理由のひとつに「強さ主義」、つまり、自分は心理療法みたいなものに頼らない強さを持っている、逆に言えば、心理療法に頼るような弱い奴ではない、と言うことがカッコいいという思想がありました。

しかし、二〇一〇年代以降、キッド・カディやジェイ-Z、そしてケンドリック・ラマーらが弱さを表明することを肯定するようになり、心理療法を推奨する動きも現れてきました。このように、海外の音楽シーンはアーティストのメンタルヘルスに対しての関心の高まりと意識改革が進んでいます。こうした動きには日本の音楽シーンも同調してほしいと思います。

アメリカのヒットチャートで1位を獲得する等、ワールドワイドに活躍している K-POPのボーイズ・グループ、防弾少年団（BTS）が、ニューヨークの国連本部で、すべての若者に質の高い教育、技能研修、雇用を与えるための新たなパートナーシップ「Generation Unlimited（無限の可能性を秘めた世代）」の発足イベントに出席し、世界の若者に向けたスピーチを行い、話題になりました。このスピーチがとても良い内容でしたので、カウンセラーとしての視点から解説を加えてみたいと思います。

世界中の若者たちへ～BTS防弾少年団が国連総会で行ったスピーチ／日本ユニセフ協会

「僕はそこでとても幸せな子供時代を過ごし、そしてただ平凡な男の子でした。夜空を見上げて思いを巡らせたり、男の子らしい夢を見たりしていました。僕は世界を救えるスーパーヒーローだ、と想像していました」

幼い頃、多くの人は「ごっこ遊び」を体験しているかもしれません（発達障害の子どもには「ごっこ遊び」が苦手というケースもありますので、必ずしも皆にあてはまることではありません）。空想の世界で戦隊もののヒーローや魔法使い、お姫様などに、なりきって、どんな強い敵でも倒したり、どんな無理難題であっても魔法で解決したり、世界で一番愛される存在になったりします。

こうした感覚を幼児的万能感（全能感）と言います。幼少期に万能感をたくさん体験することは、自己肯定感を育てる上でとても大切です。社会的・倫理的ルールを知り、それを守るということを身につけていくことは重要なのですが、その一方でこうした体験が不足してしまうと、自己肯定感が育まれず、歪みが生じてしまいます。

「僕らの初期のＣＤアルバムのイントロの中に〈9歳か10歳の時、僕の心臓は止まった〉という歌詞があります。振り返れば、他人が僕のことをどう思っているか、どう見えるかを心配し始めたのが、その頃だったと思います。夜空や星を見上げて空想することをやめ、他人が作り上げた型に、自分を押し込もうとしていました。自分の声を閉ざし、他人の声ばかり聞くようになりました」

まず、人は自己意識を持たない段階（乳児期）があり、それから、自分が何をしたいのか、次に自分は何をするのか、というようなことを意識しながら行動できる、即自的段階（幼児期・児童期）になり、最後に自分を他者の目で見ることができる対自的な段階（青年期以降）になります。

児童期は自己を客観的に見ることができないからこそ、肯定的・安定的にいられるという面もあるのですが、そうした心の構造はやがて崩れてしまい、大人の心に再構造化される過渡期に入ります。すると、他人の目にどう見えるのか、ということや、自分の否定的な側面などが気になるようになります。そして、否定的に捉えている面を、肯定的な方向に変えようと努力するのですが、必ずしもうまくいくとは限りませんし、また、うまくいかないということに気づくようになります。その結果、自分の否定的な面を内側に隠し、外側には望ましいと思う自己を表現する、いわば仮面を被ったような二重構造になることが、程度の差はありますが、どんな人にも生じます。

「でも僕には音楽がありました。自分の中で小さな声がしました。「目を覚ませ！自分の声を聞くんだ」。それでも音楽が僕の本当の名前を呼んでくれるまで、長い時間がかかりました」

「昨日僕は、ミスをしたかもしれません。でも、過去の僕も僕に変わりありません。今の僕は、過去の全ての失敗やミスと共にあります。明日の僕が少しだけ賢くなったとしても、それも僕自身なのです。失敗やミスは僕自身であり、人生という星座を形作る、最も輝く星たちなのです。僕は今の自分も、過去の自分も、将来なりたい自分もすべて愛せるようになりました」

青年期の終わりには、肯定的な自分も否定的な自分も、どちらも自分であると認められて、次第に統合されていきます。また、ブルース・スプリングスティーンの「あらゆる自分自身がその車に乗っていて、新しい自分はその車に乗り込むことができるんだ。でも、昔の自分がその車を降りることはないんだよ。いつでも重要なのは、そのなかの誰がハンドルを握るかってことだ」という喩えも思い出されます。「現在」の自分は過去からの長期的な連鎖を経て存在しています。この連鎖を否定することは、すでに起きてしまったことを変化させることに対して、全く役に立ちません。過去の自分は車から降りることはない、つまり、それもすべて自分であることを認めることが大切なのです。

「僕たちは自分自身を愛することを学びました。だから今度は、自分自身のことを話そう、あなたの名前は何ですか？　何にワクワクして何に心が高鳴るのか、あなたのストーリーを聞かせてください。あなたの声が聞きたい。あなたの信念が聞きたい。あなたが誰なのか、どこから来たのか。肌の色や、ジェンダー意識は関係ありません。ただあなたのことを話してください。話すことで、自分の名前と声を見つけてください」

これは、先に紹介したケンドリック・ラマーのメッセージにも共通します。ケンドリック・ラマーは、「自分を愛そう」と自己肯定感の大切さを主張し、「自分自身であれ」「他人を意識しすぎるあまりに、自らの才能を台無しにしてしまったヤツらを、俺は嫌と言うほど見てきた」と発言しています。

そしてBTSは、それは「あなたが誰なのか、肌の色、ジェンダー意識は関係ない」と、人種やジェンダーのアイデンティティにまで意識を届かせています。このスピーチに関しては、大切なことを押さえた、国際感覚のある素晴らしいものだったと思います。

ポイント　**「自己肯定感が高い」ことは決して悪いことではなく、むしろ良いことです。あるがままの自分を受け容れることが一番大事であって、それは他人と比較するべきではありません。また、自己肯定感を高めるために心理療法やカウンセリングを受けることも1つの手段です。周囲の人も、不用意に相手の肯定感を下げうるようなことを言わないように心掛けましょう。相手を受け容れることから始まることも多いは**

ずです。

引用

・内閣府『「平成26年版 子供・若者白書（概要版）」特集 今を生きる若者の意識～国際比較からみえてくるもの～』二〇一四年　https://www8.cao.go.jp/youth/whitepaper/h26gaiyou/tokushu.html
・Rolling Stone Japan「現代最高のラッパー、ケンドリック・ラマーが考える『偽アーティスト』とは？」二〇一八年7月19日　http://rollingstonejapan.com/articles/detail/28689/1/1/1
・日本ユニセフ協会　世界中の若者たちへ～BTS防弾少年団が国連総会で行なったスピーチ　二〇一八年9月24日 https://m.youtube.com/watch?v=LE-CfflPZA

19　創作活動に重要な「アイデンティティ」

「18　他人を意識しすぎない」で取り上げた防弾少年団（BTS）の国連でのスピーチの話は、「アイデンティティの確立」ということにも通じる内容でもありました。アイデンティティという言葉は、日本のミュージックシーンでもしばしば取り上げられています。例えば、サカナクションは、ずばり『アイデンティティ』という曲を発表しています。

他にも椎名林檎、sumika、MO'SOME TONEBENDER、My Little Loverなど、多数のアーティストたちが「アイデンティティ」というタイトルの曲を作っていますし、歌詞の中であれば数えきれないほど使われている言葉です。その「アイデンティティ」は「自我同一性・自己同一性」とも言われますが、ここで心理学者であるエリク・H・エリクソンの考え方を見てみようと思います。

エリクソンは、「アイデンティティとは『内的な不変性と連続性を維持する各個人の能力が他者に対する自己の意味の不変性と連続性に合致する経験から生まれた自信』」としています。ちょっと分かりにくいので、かなり簡単に言うならば、アイデンティティとは「自分らしさ」、「自分が自分であること」で、それが何であるのか自覚を持つことが「アイデンティティの確立」です。

しかし、確立するためには様々な困難が伴います。そのため、アイデンティティの拡散や混乱といった精神的危機に陥る危険性もあります。アイデンティティが拡散してしまうと、充実感を喪失してしまったり、他人と親密になれなくなったりしてしまうことがあります。

また、場合によっては「否定的アイデンティティ」を確立してしまうこともあります。これは、自己を肯定的に受け容れられず、自分を無価値な者として否定的に捉えてしまい、それによって反社会的行動をとったり、そうした考え方をしたりすることによって自己を主張するようになってしまうケースです。ここでも「自己肯定感」が重要であることがわかります。

この危機は、特に子どもから大人へと変化していく青年期に起きやすいのですが、その後も人生の様々な局面で向かい合うことになる問題です。成人期のアイデンティティ発達論やライフサイクル論の研究者である岡本祐子氏は、次ページの図のようにアイデンティティの危機と構築が螺旋を描くように繰り返しながら成熟していくモデルを提示しています。

アイデンティティの拡散という危機は、環境や年齢の変化に影響されることがあります。たとえば、学校などの進路を考えるときや、転職のときや、外国で生活を始めたりしたときなどです。そのため、青年期に確立されたアイデンティティがそのままずっと一生を通して一貫して存在し続けるというわけではありません。アイデンティティの感覚は、「一貫していくこと」と「絶えず変化し続けていくこと」とのジレンマに常にさらされていて、それにどう対応していくのか？　ということが問題となるのです。

その問題を解消するためには、「4 相手を理解するために大切な3つの条件」で取り上

アイデンティティの成熟

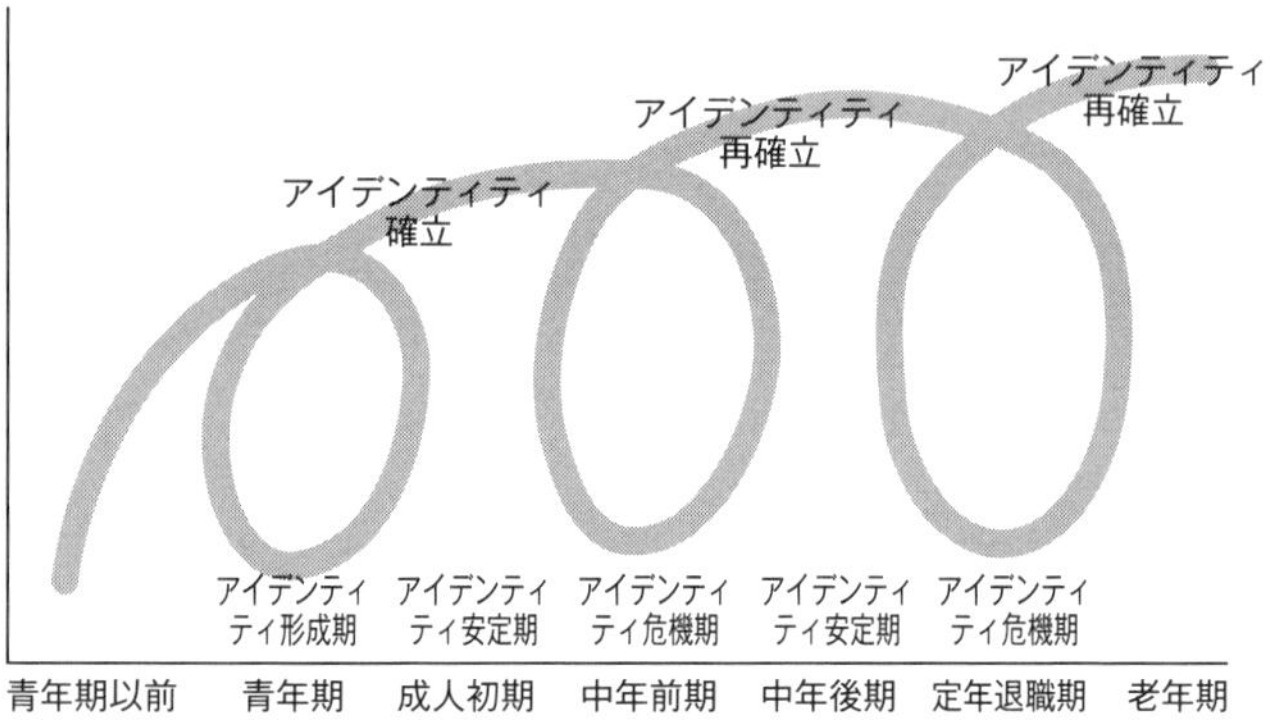

岡本祐子 1994「成人期における自我同一性の発達過程とその要因に関する研究」(風間書房)の図を簡略化して筆者作成

げた「自己一致」とも似ていますが、その都度自分のあり方を見つめ直して、アイデンティティを再確立させていくことが必要になります。

また、人は成長するにしたがって、職業の選択や配偶者・パートナーの選択など、数多ある選択を迫られることになります。それは、アーティストがなにかを表現しようとするときにも、たとえば「このやり方でいいのだろうか？」「どちらの表現方法が良いのだろうか？」など、様々な形で現れてきます。こうした選択肢はとても数多く、可能性はどこまでも広いのですが、その中からひとつだけを選びとり、決定しなければなりません。これには明確な「正解」はありません。「自分にとっての答え」があるだけです。そのため、他の人はどうであれ、自分はこういう人間だから、これを選ぶのだ、という選択になります。その根底には自我同一性＝アイデンティティが必要です。つまり、アーティストの創作活動においてもとても重要な要素なのです。

ちなみに、冒頭のサカナクションの『アイデンティティ』の歌詞にも、最初は〈アイデンティティがない〉〈隣の人と自分を見比べる〉と言っていたものが〈時を経て〉〈見えなかった自分らしさってやつが解りはじめた〉と歌われています。

槇原敬之の『どんなときも』では〈どんなときも／僕が僕らしくあるために／「好きなものは好き！」と言えるきもち／抱きしめてたい〉と、アイデンティティの確立と自己肯定感が重要であることが宣言されていて、更に〈迷い探し続ける日々が答えになる〉と、アイデンティティの一貫性と変化のジレンマが自覚されていました。

また、BUMP OF CHICKENの『ダイヤモンド』では〈やっと会えた／君は誰だい？あぁ／そういえば君は僕だ／大嫌いな弱い僕を／ずっと前にここで置き去りにしたんだ〉、そして〈弱い部分／強い部分／その実／両方がかけがえのない自分〉と、まさにアイデンティティの危機を経てから確立するまでストーリーが歌われています。

ポイント

アイデンティティの確立は青年期にのみ起こることではなく、環境や年齢の変化によって起こりうることです。「一貫していくこと」と「絶えず変化すること」の間で揺れ動いていくことになりますが、その都度「アイデンティティ」を確立させていくしかありません。それによって、人生に無数にある正解の無い選択の場面で、「自分らしい」と自信を持てる選択をしていけることが大事です。

コラム　アーティストを支える人に伝えたいこと

「アーティストは孤独な存在だ」とか、「アーティストには孤独が必要だ」という風に言われることがあります。ノーベル文学賞を受賞した作家、アーネスト・ヘミングウェイは、その授賞式でのスピーチで「書くことに最良なのは、孤独な生だ」と言っています。また、レディー・ガガも、アーティストなのだから孤独であるべきだ、と語っています。

なにかを創造するときに、孤独であることは効果的な場合もあるでしょうし、その才能や個性ゆえに、アーティストは孤独を感じやすい面もあるかもしれません。

だからといって、私はアーティストを支える人たちに、アーティストが孤独であることを短絡的に全肯定して欲しくないと思っています。孤独には、自らが選んだ孤独と、そうではない孤独があります。自らが選んだ孤独は、なにかに没頭したり、周囲から受けるストレスから解放されたりと、ポジティブに作用する場合があります。しかし、例えば誰かと死別したとか、自分のせいではなく社会的に孤立させられている場合などは、自らが選んだわけではない、望まない孤独であり、それはネガティブに作用してしまうことがあります。そして、ネガティブな孤独は、依存症に関する節で取り上げたように、病へと発展してしまうことがあります。

ビートルズの『Help!』という曲の歌詞はジョン・レノンによるものですが、その楽曲のキャッチーさとは裏腹に、〈誰でもいい、僕のそばで、僕の気持ちをわかってくれ。誰か僕に手をかしてくれ〉、〈移り変わりの激しい毎日に自分をなくしてしまいそうで、すっかりまいってしまっている。わかってくれ、僕がこうして助けてと言うなんてはじめてのことなんだ〉というようなことを彼は叫んでいます。また、ジョン・レノンのアルバム『ジョンの魂』の中には『孤独（Isolation）』という曲があります。ここでも彼の苦悩がはっきりと現れています。アーティストを支える側の人たちは、こうした叫びを、なにか評価することなく、そのままの事実として受け容れてほしいのです。そして、アーティストと接するときに、ここまでに書いてきた様々な基礎的な知識と、「無条件の肯定的配慮」、「共感的理解」、そして「傾聴」というスタンスを意識してみてほしいのです。

また、仮にアーティストには「壊れやすく」「孤独に陥りやすい」特性があるとしても、それは本人のせいではなく、そうしてしまう環境に問題がないか、一度立ち止まって考えてほしいのです。音楽に限らず、どんな産業にも、企業にも、なんらかのシステムや組織の論理、これまでの慣習があります。それがもし誰かを壊したり、孤独に陥らせたりしているのだとしたら、それをその当事者のせいにしたり、過剰な適応を期待したりするのではない解決法を考えてほしいのです。少しずつかもしれませんが、その人に適した方法が必ず見つかってくるはずです。

第3章

音楽と産業、そしてカウンセリング

CHAPTER

3

PLAYLIST

Listen on Spotify

20　ポピュラー・ミュージック誕生と労働法

ところで、私の肩書きのひとつである「産業カウンセラー」に、わざわざ「産業」という言葉がついているところに意味があります。それは、主に働く人々を対象に支援を行なう専門家であるということです。したがって、労働法や働いている人々の実態などを知るということも必要になってきます。アーティストも産業とは無関係ではいられませんし、音楽自体も社会の動向に左右されてきた歴史があります。また、カウンセリングの発展は産業の変化と大きく関係しています。そこで、「産業」と「音楽」と「カウンセリング」についても書いてみたいと思います。

まず最初に、労働者の地位の保護や向上のための「労働法」が、どうやって生まれたかを見てみます。なぜそこから話をするのかといえば、それが現在、私たちが楽しんでいるポピュラー・ミュージックの誕生と無縁ではないからです。

■音楽に影響を与えた2つの革命～コンサートのルーツ

「労働法」は2つの革命をきっかけとして生まれました。

ひとつはフランス革命に代表される18世紀後半の「市民革命」です。フランス革命では「人は、生まれながらに自由であり、権利において平等である」という人権宣言が採択されました。これによって、それまでの封建的なシステムから個人を解放し、自由にしました。

もうひとつの革命は、市民革命と前後して起こった「産業革命」です。これによって先進諸国では機械による大量生産の時代に突入します。

この2つの革命は、音楽にも大きな影響を与えます。フランス革命はベートーベンに大きな影響を与え、彼は『交響曲第3番』を作ります。また、個人の人間性を尊重するロマン主義が台頭し、シューベルトやシューマンなどの作曲家を生みます。

そして、かつて音楽は貴族や王のものであり、音楽家は宮廷音楽家として生計を立てることを目指していましたが、産業革命の結果、資本家などの民衆たちに音楽が広まっていき音楽の大衆化が進み、民衆のための音楽が発展して民衆のための演奏会が催されるようになります。音楽家たちは、自分で作曲した楽曲を披露するため、コンサートホールを借りて人を集めるようになりました。つまり、コンサート収入によってアーティストが生計を立てるというやり方の原型がこの時代に生まれるのです。

■労働法の誕生と音楽

しかし一方で、この2つの革命は伝統的な共同体が持っていたある種の保護や安定といったものを失うということでもありました。産業革命によって、それまでの親方と職人、徒弟といった家族的な労働関係は、しだいに企業家とその工場で働く大量の非熟練労働者という関係に変化していきます。大きな工場で大量生産された安い製品が市場に出回るようになると、小規模な作業場で作られた商品は割高なため、その多くは売れなくなります。その結果、熟練した技術をもっていた者も、大量生産の大工場での比較的熟練の必要のない仕事に従事せざるを得なくなります。こうした人々は、劣悪な雇用条件や労働環境で働かされました。

そして、ここで皮肉なことが起きます。革命によって人々は「自由」を得ることができました。それは労働契約に関しても個人の自由に委ねる、ということにもなります。すると、そのことによって問題が発生しました。労働者の方が会社に比べて経済的に弱い立場にある場合が多いのですが、このために、労働者にとって不利な条件であっても、生活のためにそれに同意せざるを得なくなります。また、労働者はどのように働くかを使用者によって規定されて自由が奪われていることも多いです。これらを「個人の自由」に委ねておくだけでは、その関係性から人間の尊厳と自由が奪われてしまうという問題が生じたのです。

それを解消するために「個人の自由」を修正して、労働時間の規制や社会保障制度などによる「集団的保護」と、労働者側が団体で交渉し、スト等の団体行動ができる「集団的自由」というものが樹立され、現代の「労働法」の原型がヨーロッパを中心に誕生します。

さて、こうして少しずつ労働者の立場は向上していくのですが、そこでようやく「個人の余暇」が生まれます。使用者の命じるままに長時間働き続けなければならない状況では、自分の時間は生まれませんし、あったとしてもごく僅かで、疲労のために最低限のことしかできなかったでしょう。こうした「個人の余暇」が生じたことで、自分で楽器を演奏したり、音楽を聴いて楽しんだり、さらには自ら創作してみたりすることが可能になり、現在私たちが楽しんでいるポピュラー・ミュージックが生まれる一因となるのです。

ポイント　ヨーロッパでの市民革命と産業革命に伴って民衆に音楽が広まっていき、音楽の大衆化が始まりました。これによって、コンサートホールでの演奏会を行なってその収益

を得るというビジネススタイルが生まれました。また、労働システムの変化に伴い、労働者が自分らの立場を向上させることに成功し、個人の余暇など生活に余裕が生まれた結果の娯楽として、現在のポピュラー・ミュージックが生まれたルーツのひとつとなりました。

21 アメリカの発展と音楽の変化

前章はヨーロッパの話でしたが、今回舞台はアメリカに移ります。

アメリカはアフリカから強制的に連れてきた多くの黒人たちを奴隷として扱うことで産業を構築していました。過酷な労働を強いられた黒人たちは、「ワーク・ソング」、「フィールド・ハラー」と呼ばれる労働歌を歌って日々を凌いでいました。

そして一八六一年に南北戦争がはじまり、北軍が勝利することによって一八六二年に奴隷解放宣言がなされます。その結果、実際はかなり限定的だったとはいえ、黒人たちは「自由」を得ることになります。それによって、それまでは労働の効率化や気晴らしのため、もしくは神に対して歌っていたものが、労働以外の自由な時間を得たことで、自分たちについて歌いだしたのです。それがブルースのルーツのひとつになります。

ヨーロッパでも同じですが、労働法や基本的人権を尊重する運動によって、個人の時間と自由が（現代と比べた場合、それがたとえ僅かであったとしても）保証されたことで、今私たちが聴いたり演奏したりしている音楽の原型が生まれたという事実は、忘れてはならない大切なことだと思います。

一九〇〇年代に入るとアメリカでは急速に工業化が進みます。すると、職を求めて若者たちが都市部に集まって工場労働者となりました。しかし、その際に若者たちの適性や興味はまったく考慮されませんでした。そのため、多くの若者がすぐに離職してしまう事態となり、その結果としての生活苦やストレスから犯罪に走る者も少なくありませんでした。

すると、そうした若者を救おうという社会運動が始まりました。一九〇八年、フランク・パーソンズはボストンに職業局をつくり、そこで職業カウンセリングを始めます。「丸い釘は丸い穴に」というスローガンとともに、個人の能力や興味、資質などをマッチングさせる「適材適所」の考え方がここで生まれます。これは「職業指導運動」と呼ばれ、アメリカとヨーロッパに影響を与えました。

これに続いて、個人の能力や適性などを正しく捉えるための測定技術が必要ということで「教育測定運動」が展開されます。ここで、史上はじめて知能指数（ＩＱ）という概念も導入されます。

そして、クリフォード・ビアーズ等を中心に「精神衛生運動」がはじまり、一九二八年には全米精神衛生財団が設立され、現在のメンタルヘルス運動への流れが作られました。

音楽では、ニューオリンズ・ジャズが生まれたのがこの頃です。また、先述のような社会運動とともに、産業が活気づいていた北部の都会に南部の黒人たちも移り住みはじめ、それによって洗練されたシティ・ブルースや、クラシック・ブルースが生まれます。一九二〇年にはメイミー・スミスの『That Thing Called Love』がブルースとして初めてレコードになりました。その後、ジャズやブルースは様々な進化・変化を繰り返し、現在のポピュラー・ミュージックの礎を築いていくことになります。

ちょうど同じ頃アメリカでは、企業が従業員の職場適応のために支援を行う必要があると認めるようになり、「産業カウンセリング」の原点となるような研究や実践が行われました。その中でも有名なもののひとつに、一九二四年から9年間にわたってアメリカのウエスタン・エレクトリックという会社のホーソン工場で行なわれた「ホーソン実験」があります。

この工場は賃金も良く、娯楽施設も医療制度も整備されていたのですが、従業員には不平不満が噴出していました。その原因を探るべく、さまざまな条件下で従業員と生産高の関係を調査します。それによって「組織で働く人間は社会的な存在であり、物理的・経済的な条件以外に、感情的な側面が重要だ」ということが明らかになりました。つまり、機械的・システム的・物理的なことだけでは生産性は上がらないということ、生産性を高めるには人間の感情面も重要なのだ、ということです。一見当たり前のように思えるこの研究結果ですが、このことが果たして現代においてもどの程度本当に理解され、実践されているでしょうか？

また、同じ一九二四年から4年間メーシーズ百貨店でも研究が行なわれました。そこでは、従業員の態度不良、無関心、反抗的態度等の問題が起きていたのですが、その行動の奥にある原因に対応できるようなカウンセリングを行なうことによって、問題のある従業員の3分の2が改善したという結果が得られました。つまり、カウンセリングによって、本人も企業もお互いに良い状態に向かうことが証明されたのです。

ポイント **アメリカでは南北戦争終結に伴う奴隷解放宣言によって、黒人の自由が少しずつ認められ始めました。その余暇の中で、ジャズやブルースが様々に変化を遂げて、ポピュラー・ミュージックのルーツが生まれました。一方で、急速に工業化が進んだために、都市に集まった労働者の不遇な状況を救おうとする社会運動が始まりました。その動きの中で「精神衛生運動」が始まり、現在まで続く労働者のメンタルヘルスへの源流が生まれました。それに関連して、同時期に工場で行なわれた「ホーソン実験」によ**

り、「組織で働く人間は社会的な存在であり、物理的・経済的な条件以外に、感情的な側面が重要だ」ということが明らかになりました。

22 これからの音楽業界が考えなければならないこと

そして現代の話です。昔に比べれば労働環境はかなり改善されてきたとはいえ、まだまだ問題は山積みです。過労死などの痛ましいニュースは未だに絶えません。怒髪天は『労働CALLING』の中で〈こんな日本に誰がした?〉と叫びます。

そして、SHISHAMOの『明日も』では、〈月火水木金働いた〉〈不安が僕を占めてしまう〉〈ダメでも頑張るしかない〉〈ダメだ　もう立ち上がれない〉けれど〈痛くても苦しくても〉走り続けます。この歌は世間的には「頑張ることの美しさ」のように受け容れられているような気もしますが、カウンセラー的には「とにかくもう休みましょう!」と言いたくなるような、痛々しい、危機的状況のように感じてしまいます。

音楽業界では、二〇一七年、エイベックス・グループ・ホールディングスは、従業員のおよそ半分に対して総額数億円の残業代の未払いがあることが発覚し、労働基準監督署から指導の下、残業代を支払うことになりました。それを受けて、エイベックスでは実労働に関係なく事前に決めた時間を働いたとみなす裁量労働制や、労働者が一定の時間帯で働きやすい時間に働けるフレックスタイム制を導入するとしています。また、二〇一九年には大手芸能事務所のアミューズや、吉本興業、LDH JAPANが、労働基準監督署から相次いで是正勧告を受けました。

音楽業界に関わっている人には、残業という意識を持たずに働いている人も多いと思います。また、レコーディングやコンサートということになると、一般的な時間感覚ではやっていけないという意見も多々あります。基本的に「好きだからやっている」という意識もあるため、つい長時間労働が当たり前ということになってしまいがちです。

しかし、長時間労働による精神的ストレスや睡眠不足が要因で、高血圧、脳梗塞、心筋梗塞や抑うつ状態を引き起こすリスクが高くなることが分かっています。やはり、むやみな長時間労働は避けるべきです。

現場からも次のような声が上がるようになってきました。音楽製作者連盟が発行している『音楽主義』の「激論！　音楽業界は『今』どうあるべきか――次世代プロデューサー&マネージャー座談会」から、10-FEET、ヤバイTシャツ屋さんを担当されている松川将之氏の発言を引用します。

松川「音楽業界に入った10代や20代の若い子たちに続けてほしいんですよね。昔は大変でもやりがいがあるから続いたと思うんですけど、今はそういう時代じゃない。そのために今日は絶対に言おうと思ってたことがあって」

――というと？

松川「突拍子もないことを言うんですけれど、業界の定休日が変わったらいいんじゃないかと思うんです。この業界、土日や祝日にライブがあって、そこに仕事があるのは決まっている。でも休みがなかったら続かない。ライブが一番少ないのは月曜日だし、事務所とイベンターに関しては月曜日を休みにするのがいいんじゃないかと思うんですね。ただ、平日に休みがあるだけだと、違う業種の人と合わないし、家族とすれ違ったりする。だから日曜日と月曜日を休日にしてほしいです」

渡辺（淳之介）「今は休みを取りづらいですよね。でも若い子が続けてやっていくためには、そうしないといけない」

田村（優）「フレックスにしていくというのもいいと思います」

——長時間労働を是正していくのは世の中全体の流れでもありますからね。

松川「ただ、こういう問題は1人で発信しても状況が変わらないので、同志を増やしたいんですよね」

柳井（貢）「足並みがそろわないと変わらないこともありますけれど、そこを目指してやっていくということを打ち出すのは不可能じゃないと思いますね」

こうした意見は貴重だと思います。特に日本では、クリエイティブな分野での長時間労働は美徳のように捉えられがちですが、海外の働き方等を見てみると、同じようにクリエイティブなジャンルで、時には嵌って時間を忘れて創作する、ということはもちろんあるにせよ、一般的にはむしろ長時間働き続けることを避けるようにしている事例を多く見かけます。その中のひとつ、「ドイツのしごと事情から見つめ直す、あなたの働き方」という記事を紹介します。

デザインはクリエイティブな仕事なのに、長時間労働によって疲弊し、クオリティが下がってしまうと考えます。よりわかりやすく、美しいデザインを生み出すには、創造力が必要でしょう。そのためには、オフィス以外で過ごす時間も大切なのではないでしょうか。これはどの職種にも当てはまることかもしれません。

この意見も、とても重要だと思います。前節まで、人が創造力を働かせるためには「余暇」、「自分の時間」が必要だったという歴史を見てきました。クリエイティブな仕事だからこそ、「時間」に対する意識が希薄であってはならないのです。

また、メンタルヘルスに関しても、産業としてもっと取り組んでいくべきだと思います。日本では二〇一五年、「ストレスチェック制度」が施行されました（二〇一六年改訂）。

これは、「定期的に労働者のストレスの状況について検査を行い、本人にその結果を通知して自らのストレスの状況について気付きを促し、個人のメンタルヘルス不調のリスクを低減させるとともに、検査結果を集団的に分析し、職場環境の改善につなげることによって、労働者がメンタルヘルス不調になることを未然に防止することを主な目的としたもの」です（厚生労働省「ストレスチェック等の職場におけるメンタルヘルス対策・過重労働対策等」から引用）。

現在、50人以上の労働者を抱える事業所では、医師・保健師等によるストレスチェックが義務化されています（50人以下では努力義務）。しかし、音楽業界の、特に音楽事務所等では50人以上の労働者を抱えているところは多くありません。結果的に、業界的にメンタルヘルスへの意識が高まらないことにもなってしまっているように思います。

音楽業界の労働環境やメンタルヘルスに対する改革は、そう簡単ではないかもしれませんし、何が正解なのかも難しいと思います。しかし、「これまでがそうだったから」という理由で、何も考えないのは、クリエイティブとはもっとも遠い姿勢ではないでしょうか？これからの時代のために様々な意見が出されて、少しずつでも良い方向に向かっていくことを望みます。

ポイント

・クリエイティブな仕事は、必ずしも長時間労働を必要とせず、反対に、余暇がなければクリエイティブな発想は生まれない、と考えてみることも必要です。

・「余暇」や「自分の時間」から生まれたクリエイティブだからこそ、「時間」や「休息」に対する意識が希薄であってはなりません。特に日本では、クリエイティブな分野での長時間労働は美徳のように捉えられがちですが、時には時間を忘れて創作することがあるにしても、一般的には長時間働き続けることを避けるようにしている事例が多々あります。「これまではそうだったから」という意識を捨てて、新たな働き方を見出せるようにしていきましょう。

引用

音楽製作者連盟『音楽主義』「激論！　音楽業界は『今』どうあるべきか─次世代プロデューサー&マネージャー座談会」二〇一七年1月19日　http://www.ongakusyugi.net/special/publicEntrySP.php?article_id=20170100l667e7757

CINRA.JOB「ドイツのしごと事情から見つめ直す、あなたの働き方」https://job.cinra.net/series/kubota3/

厚生労働省「ストレスチェック等の職場におけるメンタルヘルス対策・過重労働対策等」から https://www.mhlw.go.jp/bunya/roudoukijun/anzeneisei12/

23 カウンセリング理論の5つの系統

Mr. Childrenに『es』という曲があります。この「es（エス）」という言葉はフロイトの理論に出てくる言葉からとられたものだと思われます。また、米津玄師がハチ名義のボカロPだったころの曲『マトリョシカ』にもフロイトという言葉が現れます。

一般的には、メンタルに関する話で想起される人物と言えば、知名度的にやはりフロイトが真っ先に挙がる人かもしれません。それだけに、メンタルヘルスやカウンセリングに対するイメージも、ある意味誤解されてしまう原因にもなっているかもしれません。ここでは先ず、カウンセリングの大まかな系統を説明したいと思います。

■精神分析的療法

フロイト（一八五六～一九三九）は、無意識の意識化・理論化を試みました。その「夢分析」や「自由連想法」といった技法や、無意識や転移現象などの分析は、20世紀前半の心理学や精神医学、さらには文化芸術にも大きな影響を与えます。そうした彼の影響下にあって発展させた療法は「精神分析的療法」と呼ばれます。

フロイト以後は様々なカウンセリング理論が誕生しますが、その多くはこの理論を発展させるか、逆に批判的な立場で構築されるかによって成立している面もあります。カウンセリングを含めたメンタルに関する療法に対して「精神分析的」なイメージを持たれる方が多いのは、このフロイトの知名度の高さによるところが大きいと思うのですが、現代のカウンセリングは必ずしもそういうスタンスではなく、むしろその逆である（分析・診断的ではない）ことも多いのです。

この精神分析的療法には、フロイトの共同研究者・弟子であったユングやアドラー（この2人は後にフロイトと袂を分かちます）の心理療法などがあります。また、同じような考え方から独自に発展させた、パールズによるゲシュタルト療法や、バーンズによる交流分析などがあります。

■特性因子理論

20世紀初頭には「21　アメリカの発展と音楽の変化」の節でも取り上げた、アメリカでのパーソンズによる「職業指導運動」などが起こります。ここでは、人の心理特性を客観的に調べる知能検査、人格検査、作業能力テストなどが発展します。そうしたものを利用して、ミネソタ大学のウィリアムソンは大学内での進路指導を行ないます。そしてそれは進路指導だけでなく、学生の人格の発達、支援にも有用だとして、カウンセリングでの心理テストを実施するようになりました。その結果をもって「診断」してアプローチする、医学的な手法とも言えます。このように、人をできるだけ客観的に見て、心理特性から理解しようとする立場を「特性因子理論」と言います。

■非指示的療法・来談者中心療法

一九四〇年代になるとカール・ロジャーズが現れ、先述のウィリアムソンらの療法を「指示的療法」と批判し、「非指示的」、「来談者中心」療法が提唱されます。ちなみに私は基本的にこのスタンスでのカウンセリングを行なっています。

■認知行動療法

一九五〇年代から行動療法、認知療法、論理療法などの理論が発展し、それらが統合されて生まれた療法が「認知行動療法」です。ごく簡単に説明すると、人のものの考え方や受け取り方（認知）に働きかけて、気持ちを楽にしたり行動をコントロールしたりする治療方法です。私もこのアプローチをとることがあります。以下「国立研究開発法人　国立精神・神経医療研究センター　認知行動療法センター」の説明から以下に引用します。

私たちは、自分が置かれている状況を絶えず主観的に判断し続けています。これは、通常は適応的に行われているのですが、強いストレスを受けているときやうつ状態に陥っているときなど、特別な状況下ではそうした認知に歪みが生じてきます。その結果、抑うつ感や不安感が強まり、非適応的な行動が強まり、さらに認知の歪みが引き起こされるようになります。悲観的になりすぎず、かといって楽観的にもなりすぎず、地に足のついた現実的でしなやかな考え方をして、いま現在の問題に対処していけるように手助けします。認知療法・認知行動療法は、欧米ではうつ病や不安障害（パニック障害、社交不安障害、心的外傷後ストレス障害、強迫性障害など）、不眠症、摂食障害、統合失調症などの多くの精神疾患に効果があることが実証されて広く使われるようになってきました。

■人間学的アプローチ

19世紀のキルケゴールやニーチェ、20世紀のハイデッガーやサルトル等の実存主義哲学に影響されたアプローチが人間学的アプローチです。その中でもフランクル（一九〇五～一九九七）の実存分析（ロゴセラピー）は有名です。この療法は、人間が自らの「生の意味」を見出すことを支援する心理療法です。ユダヤ人であった彼は、第二次世界大戦中にアウシュビッツや他の強制収容所に収監されて言語を絶するような過酷な日々を強いられるのですが、そこでの体験を踏まえた療法でもあります。その体験を心理学者として記した『夜と霧』（ヴィクトール・E・フランクル著、みすず書店）は、世界的に読まれている名著で、ぜひ一度読んでいただきたいと思います。

ここであげた5つの系統以外に、家族療法、現実療法、森田療法、短期療法、ナラティブセラピー、など非常に多くの療法が存在します。最初に書きましたが、広くイメージを持たれている「精神分析的」なアプローチは、これらの療法の中のひとつでしかありません。カウンセリングを受けるというときには、どのようなアプローチなのか調べておくのも良いでしょう。一般社団法人日本臨床心理士会のホームページの「臨床心理士の面接療法」というところに、様々な方法の簡単な説明が掲載されていますので、そちらを参考にしてみても良いかもしれません。

ポイント　・カウンセリング理論には、大きくわけて「精神分析的療法」「特性因子理論」「非指示的療法・来談者中心療法」「認知行動療法」「人間学的アプローチ」の5つの系統があります。一般的に抱かれがちな「精神分析的」なアプローチは、これらの療法の中のひとつでしかないので、カウンセリングを受けるというときには、どのようなアプローチなのか調べておくのもよいでしょう。

引用

「国立研究開発法人　国立精神・神経医療研究センター　認知行動療法センター」

http://cbt.ncnp.go.jp/guidance/about

一般社団法人日本臨床心理士会『臨床心理士に出会うには』
http://www.jsccp.jp/near/interviewtop.php

おわりに　ひとりひとりが自分を尊重して生きていくために

昨今の音楽産業に関して言えば、ＣＤ等のパッケージを売る、あるいは音源をダウンロードしてもらう等の「楽曲を買ってもらう・リスナーに所有してもらう」という音楽産業の基本構造は、違法ダウンロードやYouTubeを中心とした動画共有等の影響によって崩れ、Spotify や Apple Music 等のストリーミング・サービスによる「音楽にアクセスする」モデルに変容してきています。また、レコード会社やレーベルは三六〇度ビジネスという「なんでもやる」ビジネスへと転換しはじめています。90年代日本のいわゆる「音楽バブル」のような時期は完全に終焉し、二〇〇〇年以降のアーティストたちが置かれている状況は、年々厳しさも伴いつつ大きく変化し続けています。

そういう状況の中、「こうやれば売れる」「これからのアーティストにまつわるビジネスモデルはこれだ」というような話が様々なところで語られるようになりました。産業の大きな変革期には、それは重要なテーマではあります。

しかし、どのようにやれば上手く「売れる」のか、ということを正確に予測するのはとても難しいことです。ある程度狙うことはできるにせよ、結果論としてうまくいったと言えた、あるいは「その人にとっては」うまくいく戦略で、必ずしも普遍的ではない、ということも少なくありません。

しかし、ひとつだけ確実に言えることがあります。それは、社会や産業や科学技術の変化は必ず人のあり方に影響を与え、間違いなく精神的な部分に「良くも悪くも」作用する、ということです

古くは産業革命やフランス革命、最近では日本においてはバブル崩壊やリーマン・ショック、大震災、原発事故など、なにか大きな変化が起きる度に人々のメンタルも大きく影響されてきました。それはアーティストも例外ではありません。アーティストが置かれてい

る状況が大きく変化する中、「なにがうまくいく方法か」はわかりませんが、間違いなく「アーティストのメンタルは影響を受ける」のです。

昨今はシステムや戦略の話ばかりが取り上げられがちですが、まず、大切なことは、ひとりひとり違う存在である人間が、それぞれ自分を尊重して生きていくこと、また尊重されて生きていけることだと思います。この本を通して、自分のメンタル面との向かい合い方というものを、ひとりでも多くのアーティストやそれに関わる人たちに考えてもらえたら嬉しく思います。

また、個人の尊重ということでは最近は「ダイバーシティ（多様性）」という言葉もよく言われるようになりました。これは、様々な違いを受け容れ、認めて、活かしていく、ということです。「このようにあるべき」という画一的なものを強要するのではなく、各自の個性を生かし、能力を発揮できるような環境・風土を作り上げていくことは、カウンセリングの基本姿勢とも通じることです。

これは、アーティストにとっても産業にとっても大事なことですし、これからの時代にとても重要なことだと思います。しかし、そのような動きとは正反対に、ヘイトスピーチに代表されるような、多様性というものを否定するような大きなうねりが世界に生じてしまっていることも事実です。そうした現状をいかに乗り越えていくのかが、今後の課題のひとつとも言えるでしょう。

レディー・ガガの大ヒット曲『ボーン・ディス・ウェイ』(*)では、貧富や人種の違い、様々なジェンダー・アイデンティティなどを取り上げ、〈あなた自身を喜び、愛そう　なぜなら　あなたはそのように生まれたのだから〉と「ダイバーシティ」と「自己肯定感」の大切さが力強く歌われています。

最後に、有名な曲を紹介したいと思います。それはジョン・レノンの『イマジン』です。この曲を多くの人が知っていて、様々なアーティストもカバーしています。アメリカの高校の合唱部(グリークラブ)の物語である人気ドラマ『glee／グリー』でも取り上げられていましたが、そこではろう学校の生徒たちが歌う『イマジン』が聴けます。手話を交えて表現されるこのバージョンは、とても説得力があり、この楽曲の素晴らしさを証明するものでもあると思います。

しかし、実は『イマジン』という曲自体、歌詞の〈天国は存在しない〉という部分や〈宗教もない〉という部分が強い信仰心を持つ人々からは批判されています。物事の受け取り方や考え方は、そのように多様だということでしょう。それを事実として受け容れて（4相手を理解するために大切な3つの条件「無条件の肯定的配慮」参照）、その上でどのように折り合いをつけていくのか？　ということを、その都度考えていくということが大切なのでしょう。そしてそれは、今は「夢想家の言うようなこと」なのかもしれませんが、それでも少しずつ積み重ねていくべきことなのだと思います。

私はここまで書いてきて「いろんな出来事と音楽はつながっている」ということを強く感じました。音楽に限らず、アートというものは一足先になにかを知らせてくれたり、時代を表現してくれたりする力があるのだと思います。この本がひとつのきっかけとなって、アーティストがより生きやすくなり、良い作品を創ることができるようになることはもちろんですが、アーティストやアートの存在を通して、多くの人の人生が少しでも豊かになれば幸いです。

第19節
・エリク・H・エリクソン著『アイデンティティとライフサイクル』誠信書房
2011年5月30日
訳：西平直・中島由恵

コラム
・THE NOBEL PRIZE　Ernest Hemingway Banquet speech　https://www.nobelprize.org/prizes/literature/1954/hemingway/speech/
・レディー・ガガ、自分は「孤独」と結婚したと語る（rockin' on.com 2011年8月26日）　https://rockinon.com/news/detail/56847

第21節
参照：
・ヨハネス・リデール著『アメリカ文化と黒人音楽』音楽之友社 1978年11月
福田昌作・黒田宏司共訳
・リロイ・ジョーンズ著『ブルース・ピープル ～白いアメリカ 黒い音楽』平凡社 2011年2月10日 飯野友幸訳
・ジェームズ・M・バーダマン村田薫 著『ロックを生んだアメリカ南部 ルーツ・ミュージックの文化的背景』 NHKブックス 2006年11月29日

第11節
・ECA調査(Epidemiologic Catchment Area Program, 1980-83年)
・NCS調査(National Comorbidity Survey, 1990-92年、2001-2年に再調査)
・国立がん研究センター　がん情報サービス　最新がん統計　2017年のデータに基づく
https://ganjoho.jp/reg_stat/statistics/stat/summary.html
・FLOWER FLOWERオフィシャルブログ　2014年3月5日
https://lineblog.me/flower_flower/?p=12

第12節
・日本精神神経学会　『DSM-5　精神疾患の分類と診断の手引き』医学書院　2014年10月
監訳:高橋三郎/大野裕　訳:染矢俊幸/神庭重信/尾崎紀夫/三村將/村井俊哉

第14節
・文部科学省「通常の学級に在籍する発達障害の可能性のある特別な教育的支援を必要とする児童生徒に関する調査結果について」2012年12月5日
http://www.mext.go.jp/a_menu/shotou/tokubetu/material/1328729.htm
・David Morgan Education Famous Dyslexics : Noel Gallagher 2013年8月2日　https://dm-ed.com/news/famous-dyslexics-noel-gallagher/
・Oasis Interviews Archive Noel Gallagher -Q- February 1996年2月1日
http://oasisinterviews.blogspot.com/1996/02/noel-gallagher-q-february-1996.html
・Dislexia Help at the University Of Michigan　http://dyslexiahelp.umich.edu/success-stories/cher

第17節
・石田仁著『はじめて学ぶLGBT—基礎からトレンドまで』ナツメ社 2019年1月9日

第5節
・E.H.Porter. 1950. An Introduction to Therapeutic Counseling. Oxford, England: Houghton Mifflin
・大段智亮 人間の看護の出発点サンルート・看護研修センター 1986年10月

第6節
・アメリカ精神医学会『DSM-5 精神疾患の診断・統計マニュアル』2014年6月 日本語版用語監修：日本精神神経学会 監訳：高橋三郎／大野裕　訳：染矢俊幸／神庭重信／尾崎紀夫／三村將／村井俊哉

第8節
・『睡眠薬の適正な使用用と休薬のための診療療ガイドライン』
厚生生労働科学研究・障害者対策総合研究事業「睡眠薬の適正使用及び減量・中止のための診療ガイドラインに関する研究班」および日本睡眠学会・睡眠薬使用ガイドライン作成ワーキンググループ編 2013年10月22日改訂
http://www.jssr.jp/data/pdf/suiminyaku-guideline.pdf
・『ICD-10　精神および行動の障害　臨床記述と診断ガイドライン（新訂版）』医学書院 二〇〇五年11月 監訳：融道男／中根允文／小見山実／岡崎祐士／大久保善朗

第９節
・ブルース・スプリングスティーン『ボーン・トゥ・ラン　ブルース・スプリングスティーン自伝（上・下）』早川書房 2016年9月27日 翻訳：鈴木恵・加賀山卓朗
・マシュー・マッケイ、ジェフリー・C・ウッド、ジェフリー・ブラントリー『弁証法的行動療法　実践トレーニングブック　～自分の感情とよりうまくつきあってゆくために～』星和書店 2011年6月24日　（訳：遊佐安一郎・荒井まゆみ）

第10節
・厚生労働省「依存症対策」　https://www.mhlw.go.jp/stf/seisakunitsuite/bunya/0000070789.html

米津玄師
2009年から「ハチ」名義でボカロPとして作品を発表し、ミリオン再生のヒット曲を生む。2012年から本名で活動し始め、自ら歌唱も行なうようになる。2013年からはメジャーに活動の場を移し、2018年発表の『Lemon』は国内のMVでは初めて3億回再生を突破するメガヒットとなった。

「ゴーゴー幽霊船」

「アイネクライネ」

「Lemon」

LADY GAGA　レディー・ガガ
2008年のデビュー・アルバム『The Fame』がいきなり全世界で1500万枚を超える大ヒット。奇抜なファッションも話題に。その後も数々のヒットを飛ばし続け、俳優としても活躍。社会貢献活動に積極的なことでも有名。

「Poker Face」

「Bad Romance」

「Born This Way」

John Lennon　ジョン・レノン
ビートルズではポール・マッカートニーとともに大半の楽曲を制作。解散後のソロ活動では、音楽活動だけに留まらず、数々の社会問題の解決のために政治的活動にも積極的に関与した。
「Power to the People」（John Lennon, The Plastic Ono Band）名義
「Imagine」
「Happy Xmas（War Is Over）」/（John Lennon , The Harlem Community Choir, The Plastic Ono Band）名義

「世界に一つだけの花」

BUMP OF CHICKEN
1999年インディーズ・デビュー。2000年からメジャーに移籍し、2001年のシングル『天体観測』が大ヒット。数々のフォロワーを生み、2000年代邦楽シーンに多大な影響を与えたバンド。

「K」

「天体観測」

「Ray」

23 怒髪天
1984年結成。JAPANESE R&E(リズム＆演歌) と自ら称する独特の音楽性で、2014年には結成 30周年にして初めての武道館公演を成功させ、その遅咲きぶりも話題に。

「全人類肯定曲」

「労働 CALLING」

「HONKAI」

SHISHAMO
2012年、高校生の時にリリースした音源がいきなりインディーズチャート 7位に入り注目され、その後順調にキャリアを重ね、2016年には武道館公演、2017年には紅白歌合戦に出場。

「僕に彼女ができたんだ」

「君と夏フェス」

「明日も」

24 Mr. Children
1992年デビュー。1994年のシングル『innocent world』がオリコン・チャート 1位を獲得以後、ほとんどの作品が 1位を獲得。日本レコード大賞も 2度受賞している。

「innocent world」

「Tomorrow never Knows」

「旅立ちの唄」

18 Kendrick Lamar　ケンドリック・ラマー

2011年デビュー。その後作品としての好評価と好セールスを獲得し続け、2018年の第60回グラミー賞では主要2部門を含む、7部門にノミネート。主要部門の受賞は逃すが、ラップ4部門と最優秀ミュージックビデオ賞の 5部門で受賞。2017年発表の『DAMN.』はピューリッツァー賞の音楽部門をヒップホップ作品として初めて受賞した。

「Swimming Pools (Drank)」
「i」
「HUMBLE.」

防弾少年団(BTS)

2013年デビューの、韓国の男性ヒップホップ・グループ。2018年に発表したアルバム『LOVE YOURSELF　轉 'Tears'』がアメリカ・Billboard 200でアジア圏出身者として初めて1位を獲得。

「血、汗、涙」(日本語バージョン)
「FAKE LOVE」
「Lights」

19 サカナクション

2007年デビュー。文学性の高い歌詞と、フォークからロック、クラブ・ミュージックまで幅広い音楽性を内包した独自の音楽は高く評価されている。また、積極的にミュージシャンの在り方や未来像についても発信していて、オピニオン・リーダー的にも注目されている。

「アイデンティティ」
『バッハの旋律を夜に聴いたせいです』
「新宝島」

槇原敬之

1990年デビュー。1991年のシングル『どんなときも』が大ヒット。その後、「もう恋なんてしない」などのヒット曲を連発。SMAPに提供した「世界に一つだけの花」は平成期の著作権使用料分配額で1位となるほどの大ヒットとなった。

「どんなときも」
「もう恋なんてしない」

Happy Mondays　ハッピー・マンデーズ

1984年結成。『Pills 'n' Thrills and Bellyaches』は全英4位のヒット作となり、The Stone Rosesらとともイギリスのマンチェスターを中心に起った「マッドチェスター・ムーブメント」の中心バンドの一つ。

「Kinky Afro」
「Step On」
「Hallelujah」

808 State　エイト・オー・エイト　ステイト

1988年イギリスのマンチェスターで結成されたテクノ・バンド。アシッド・ハウス〜アンビエントまで多彩な作品を発表し、UKテクノ・シーンに多大な影響を与えた。

「Pacific State」
「Cübik」
「Leo Leo」

KLF　ケイエルエフ

1988年からKLF名義で活動し始めたテクノ・ユニット。無許可でサンプリングを繰返すなど様々な問題行動でも話題となったが、彼らが音楽的にテクノ・シーンに与えた影響は大きい。1992年の解散後はすべての作品を廃盤にした。

「What Time is Love?」(Live at Trancentral)
「3 A.M. Eternal」(Live at S.S.L.)
「Justified & Ancient - Stand by the Jams」

Cyndi Lauper　シンディ・ローパー

1983年ソロデビューし、「Girls Just Want to Have Fun」、「Time After Time」が大ヒット。特に「Time After Time」は様々なアーティストにカバーされているスタンダードナンバーとなった。社会貢献活動にも積極的で知られる。

「Girls Just Want to Have Fun」
「Time After Time」
「True Colors」

KC And The Sunshine Band　KC&ザ・サンシャインバンド

1974年デビュー。ディスコ・ブーム全盛期には 5曲がビルボード1位を獲得した。

「Get Down Tonight」
「That's The Way (I Like It)」
「I'm Your Boogie Man」

Larry Levan　ラリー・レヴァン

1970～1980年代ニューヨークのクラブ、パラダイス・ガレージで活躍した伝説的 DJ。彼がプレイしていた音楽はガラージと呼ばれ、現在に至るまでクラブ・シーンに大きな影響を与えている。

「Peanut Butter」
「You Can't Hide」
「Sunshower」

Frankie Knuckles　フランキー・ナックルズ

ハウス・ミュージックの生みの親とも言われる、シカゴのクラブ「ウェアハウス」を中心に活躍したDJで、音楽シーンに与えた影響は大きく、彼の死後当時、オバマ大統領はその偉業を讃える手紙を遺族に送ったほど。

「Your Love」(feat.Jamie Principle)
「Tears」(Satoshi Tomiie)
「The Whistle Song」

The Stone Roses　ザ・ストーン・ローゼス

1989年の1stアルバム『The Stone Roses』がイギリスでヒット。その後のイギリスでのブリット・ポップ・ムーブメントをはじめとして、音楽シーンに多大な影響を与えた。

「I Wanna Be Adored」
「She Bangs the Drums」
「Fools Gold」

16 eastern youth　イースタン・ユース

1988年結成。以来、独自の文学的且つエモーショナルな表現を貫き続ける孤高の存在。ASIAN KUNG-FU GENERATIONの後藤正文をはじめ、彼らからの影響を公言しているアーティストも多い。

「青すぎる空」
「街の底」
「ソンゲントジユウ」

17 Donna Summer　ドナ・サマー

ジョルジオ・モロダーのプロデュースにより 70年代にはディスコ・ミュージックでヒットを連発。「ディスコの女王」と呼ばれ、グラミー賞も 5度受賞している。

「Hot Staff」
「Bad Girls」
「She Works Hard for the Money」

Chic シック

1977年デビューのアメリカのディスコ、ファンク・バンド。ギターのナイル・ロジャースはデヴィッド・ボウイ「Let's Dance」、マドンナ「Like A Virgin」、Daft Punk「Get Lucky」などのプロデュースでも有名。

「Dance, Dance, Dance (Yowsah, Yowsah, Yowsah)」
「Le Freak」
「Good Times」

The Bee Gees　ビージーズ

1963年オーストラリアでデビュー。初期はソフト・ロックだったが、70年代中頃からディスコ路線に。全世界で作品トータル 2億枚以上のヒットを生み出している。

「Melody Fair」
「Stayin' Alive」
「Night Fever」

Black Eyed Peas ブラック・アイド・ピーズ

1995年、前身のヒップホップ・グループからブラック・アイド・ピーズに名前を改めて活動開始。2004年以降、毎年のようにグラミー賞の様々な賞にノミネートされるようになり、受賞も多数。

「Where Is The Love?」

「Boom Boom Pow」

「I Gotta Feeling」

14 Oasis　オアシス

1994年デビュー。90年代の「ブリット・ポップ」ブームを代表するバンド。2ndアルバム『(What's the Story) Morning Glory?』は全世界で 2000万枚を超える大ヒット。「Don't Look Back In Anger」は 2017年にマンチェスターで発生したテロ事件後の追悼集会で集まった人たちが自然と合唱をはじめたほどのアンセムとなっている。

「Don't Look Back in Anger」

「Wonderwall」

「Stand By Me」

Cher　シェール

1965年 Sonny & Cherとしてデビューし、翌年からはソロとしても活動。80年代からは俳優としても活躍。長いキャリアの中で多数のヒット曲があるが、1998年リリースの『Believe』はアメリカ、イギリス両国で 1位を獲得し、グラミー賞最優秀ダンス・レコーディング賞を受賞した。

「Gypsy, Tramps & Thieves」(悲しきジプシー)

「Take Me Home」(誘惑の扉)

「Believe」

15 Ian Dury イアン・デューリー

1974年デビュー。1977年シングル『Sex & Drugs & Rock & Roll』全英 2位、翌年『Hit Me With Your Rhythm Stick』が全英 1位を獲得。80年代後半からは俳優としても活躍。

「Sex & Drugs & Rock & Roll」

「Hit Me With Your Rhythm Stick」

「Spasticus Autisticus」

ECD
1990年デビューのラッパー。1996年、多数のヒップホップ・アーティストが終結した伝説的イベント「さんピンCAMP」を主催。日本のヒップホップの黎明期からその発展に貢献した。
「漫画で爆笑だあ！」（完全版）
「CHECK YOUR MIC」
「ECDのロンリーガール」

11 yui
2005年デビュー。2006年には映画『タイヨウのうた』に主役として出演し、役とリンクした楽曲「Good-bye days」でブレイク。以後数々のヒット曲を発表。2013年からはバンド「FLOWER FLOWER」のボーカルとして活動。

「Good-bye days」

「CHE.R.RY」

「My Generation」

12 The Vines　ザ・ヴァインズ
2001年にデビュー。世界的なガレージ・ロック・リバイバルのブームにも乗って、2002年にはオーストラリア出身のバンドとして 20年ぶりにローリング・ストーン誌の表紙を飾るほどの人気を博した。

「Highly Evolved」

「Get Free」

「Ride」

13 Maroon 5　マルーン 5
2001年、バンド名を「カーラズ・フラワー」から「マルーン5」に改名して活動し始め、2002年にリリースした『Songs About Jane』が大ヒット。その後も作品トータルで 1億枚以上のセールスを誇る。

「This Love」

「Sugar」

「Girls Like You」（feat. Cardi B）

Passion Pit パッション・ピット
2007年、マイケル・アンジェラコスのソロプロジェクトとしてスタートした、インディ・エレクトロ・ポップ・プロジェクト。2008年「Sleepyhead」が iTunesで発売初週だけで 15万ダウンロードを超えて話題に。

「Sleepyhead」

「The Reeling」

「Little Secrets」

8 The Roosters ザ・ルースターズ
数多くの日本のロック・バンドに影響を与えた伝説的バンド。疾走感のあるロック色の強い時期と、ニューウェーヴ色の強い時期とがある。

「恋をしようよ」

「Let's Rock」

「Good Dreams」

9 Cornelius コーネリアス
Flipper's Guitar解散後、そのメンバーであった小山田圭吾が始動したソロ・プロジェクト。ワールドツアーも行なっており、そのポップ且つ先進的なサウンドは国内外で評価が高い。

「STAR FURUITS SURF RIDER」

「POINT OF VIEW POINT」

「あなたがいるなら」

10 Eagles イーグルス
1971年デビュー。1976年発表の「Hotel California」は 70年代アメリカン・ロックを代表する曲のひとつで、その時代のアメリカを象徴するようなその歌詞の内容も様々な解釈を生み、全世界で大ヒットした。

「Desperado」

「One of These Nights」

「Hotel California」

5 The Beatles　ビートルズ

1962年デビューし、1970年に解散するまで、全世界的なムーブメントを巻き起こし、その影響は音楽だけに留まらず、様々な文化や政治にも及んだ、20世紀を代表するバンド。


「Help!」

「A Hard Days Night」

「Let It Be」

6 Bruce Springsteen　ブルース・スプリングスティーン

1973年デビュー。「ボス」という渾名がつけられるほど、アメリカにおいて存在感の際立ったシンガー・ソングライター。全世界で1億枚以上のレコードセールスを記録。特に「Born In The U.S.A.」が有名だが、これはベトナム帰還兵の苦悩を題材にした曲。


「Born in the U.S.A.」

「Dancing In The Dark」

「Born to Run」

7 James Blake　ジェイムズ・ブレイク

2011年のデビューアルバムからイギリス・アイルランドで最も優れたアルバムに贈られる音楽賞のマーキュリー賞にノミネートされ、2ndアルバム『Overgrown』で大賞を獲得。その音楽の新しさは世界的に高い評価を受けた。


「Limit To Your Love」

「Overgrown」

「Retrograde」

Beyoncé ビヨンセ

1997年にデスティニーズ・チャイルドとしてデビュー。これまでにグループとソロ・アーティストとして、その全トータル・セールスは1億枚以上。2010年にはグラミー賞6部門受賞。社会に向けて強いメッセージを発することも多い、現代の女性を代表するアイコンのひとり。

「Crazy In Love」(feat Jay-Z)
「Halo」
「Formation」

1 METALLICA　メタリカ

1981年結成のスラッシュ・メタル／ヘヴィ・メタル・バンド。1991年リリースの『METALLICA』(通称 The Black Album)はメタル・ファン以外にも支持され、全米だけで1700万枚近く売り上げた大ヒットとなった。


「Enter Sandman」

「Master of Puppets」

「ONE」

The Beach Boys／ Brian Wilson　ビーチボーイズ／ブライアン・ウィルソン

The Beach Boysは1962年デビュー以降多数のヒットを飛ばしたアメリカのバンドだが、ブライアン・ウィルソンはその音楽的な中心人物。初期のサーフィンや車などをテーマにしたポップな楽曲だけでなく、当時かなり斬新な音楽性だったアルバム『Pet Sounds』など、その後のポップス～ロック界に与えた影響は大きい。

「Surfin' U.S.A.」

「Good Vibration」

「God Only Knows」

2 The Ramones　ラモーンズ

1974年ニューヨークで結成され 1976年にデビューしたニューヨーク・パンクの重要バンド。その後のロック、パンクシーンに多大な影響を与えた。


「Blitzkrieg Bop」

「Do You Remember Rock 'N' Roll Radio」

「Psycho Therapy」

4 CRAZY KEN BAND　クレイジーケンバンド

1998年デビュー。様々なジャンルの音楽と昭和期の雰囲気を盛り込み、その独特の音楽・言語・ファッション・センスが特徴的で根強い人気を誇る。


「タイガー&ドラゴン」

「クリスマスなんて大嫌い!! なんちゃって」

「てんやわんやですよ」

ARTIST LIST

本書内で名前を挙げたアーティストのプロフィールと代表曲を列挙しました。また、記載されている QRコードをお手持ちのスマートフォンで読み込んで頂きますと、音楽ストリーミングサービス“Spotify”（スポティファイ）のアーティストページ(アーティストページがない場合はアーティスト公式サイト）にアクセスできます。これらを通して、アーティストらと本書で伝えた内容への興味が深まれば幸いです。

尚、本書に記載する QRコードでお使いいただけるサービスは2019年7月現在のものです。サービスの仕様は事業者の事情により予告せずに変更になることがあります。また QRコードを読み込むためのアプリケーションは、本書が指定するものではありません。

手島将彦（てしま・まさひこ）
ミュージシャンとしてデビュー後、音楽系専門学校で新人開発を担当。2000年代には年間100本以上のライヴを観て、自らマンスリー・ライブ・ベントを主催し、数々のアーティストを育成・輩出する。また、2016年には『なぜアーティストは生きづらいのか～個性的すぎる才能の活かし方』（リットーミュージック）を精神科医の本田秀夫氏と共著で出版。Amazonの音楽一般分野で1位を獲得するなど、大きな反響を得る。保育士資格保持者であり産業カウンセラーでもある。

なぜアーティストは壊れやすいのか？
音楽業界から学ぶカウンセリング入門

2019年9月20日　初版発行

著者　手島将彦
協力　伊藤亮一（有限会社スーク）
カバー・本文デザイン　波奈裕之（有限会社スーパージャム）

印刷・製本　株式会社シナノパブリッシングプレス

編集・発行者　西澤裕郎
担当編集　蝦名康平
編集補助　横澤魁人
発行　株式会社 SW
〒150-0044 東京都渋谷区円山町 5-14
パレドール渋谷 605
電話 090-6084-0969

乱丁・落丁は小社書籍部宛にお送りください。小社送料負担にてお取り替えいたします。

ISBN 978-4-909877-02-4
日本音楽著作権協会（出）許諾第 1908720-901 号